CRÔNICAS DE UM (EX) JOGADOR

José Roberto Padilha

CRÔNICAS DE UM (EX) JOGADOR

1ª Edição
POD

Petrópolis
KBR
2011

Edição de texto **KBR**
Editoração **APED**
Capa **KBR, com ilustração de Tunico**

Copyright © 2011 *José Roberto Padilha*
Todos os direitos reservados ao autor

ISBN: 978-85-64046-92-4

KBR Editora Digital Ltda.
www.kbrdigital.com.br
atendimento@kbrdigital.com.br
24 2222.3491

B869.8 — Crônica Brasileira

 **José Roberto Padilha** é técnico de futebol, jornalista e ex-jogador de futebol profissional, com passagens pelo Fluminense, Flamengo e Santa Cruz de Recife. Em 1971, defendeu a Seleção Brasileira de Futebol Sub-20, campeã do I Torneio de Cannes. Foi tricampeão estadual pelo Fluminense, bicampeão da Taça Guanabara e bicampeão pernambucano pelo Santa Cruz. *Crônicas de um ex-jogador*, seu 4º livro, recebeu medalha de bronze do I Prêmio João Saldanha de Jornalismo Esportivo 2011. Atualmente é Secretário de Esporte e Lazer da Prefeitura do Município de Três Rios, RJ.

E-mail do autor: zeropadilha@bol.com.br

Dedicado aos meus amigos, ex-companheiros de clubes de futebol, principalmente àqueles para os quais a sociedade estendeu, sem qualquer cerimônia, o tapete do ostracismo. Depois que lhes foi tomado precocemente seu objeto de ofício, a bola, foram convidados a "se virar" no mercado de trabalho para completar suas aposentadorias — que nenhum gestor público perdeu tempo legislando —, e, pior: não tiveram a oportunidade que eu tive de ter pelo menos a caneta para nos defender de tantas injustiças sofridas, logo neste que é o país do futebol.

Sumário

JOSÉ ROBERTO PADILHA

Uma Máquina de Sonhos

O relógio do Mineirão — numa época em que ainda se permitiam, nos estádios de futebol, os relógios que ajudavam a torcida vitoriosa a ficar gritando para o juiz terminar, deixando a adversária nervosa e fazendo com que voltasse mais cedo pra casa — marcava 44 minutos do segundo tempo, e o corner era a nosso favor. O placar mostrava Cruzeiro 1 x Fluminense 1, em jogo pelo Campeonato Brasileiro de 1975. Paulo César Caju, nosso camisa oito, foi batê-lo; e, ao notar mais homens de azul do que tricolores no interior da grande área, gritou para eu encostar e trocar passes na linha de fundo, junto à bandeirinha, até o tempo se esgotar.

O empate fora de casa, a duas rodadas do fim do campeonato, já nos classificava. Esgotado por correr 89 minutos naquele gramado fofo, numa quarta-feira à noite (eu prometera ao meu compadre, o goleiro Roberto, que tinha sua grande chance no gol devido a uma contusão do titular Félix, que não deixaria o lateral-bomba-direito Nelinho desferir seguidos torpedos à nossa meta), recusei o convite e me plantei na intermediária. A pressão do Cruzeiro era insuportável, e certamente viria o contra-ataque após a cobrança daquele corner.

Não tínhamos um centroavante alto (o nosso, Manfrini, tinha apenas 1,75m) e Edinho, quarto zagueiro e o melhor cabeceador, nem no ataque se aventurou. Mas PC, igualmente cansado — parecia não ter força sequer para alçar a bola na grande área —, continuava berrando. E implorava: "Encosta aqui, ô juvenil!". Mesmo começando a minha carreira, e diante das ordens de uma velha raposa tricampeã do mundo, resisti. E devolvi, lá de longe, quase na linha do meio-campo: "Joga essa bola lá pro abafa!"

Contrariado, Paulo César bateu o corner direto. A bola fez uma curva incrível; e enganou o goleiro Raul, que caiu dentro do gol enroscado com ela. Um gol inesquecível, olímpico, garantiu de vez a nossa presença nas semifinais do Campeonato Brasileiro de 1975, ao lado de Internacional, Corinthians e do próprio Cruzeiro.

Apenas no dia seguinte, lendo a coluna de Nelson Rodrigues no jornal *O Globo*, fui saber que um personagem da história tricolor fora o principal responsável pela minha má-criação precoce: o Sobrenatural de Almeida. Segundo o cronista-mestre, tratava-se da mesma criatura que, na decisão do Estadual Carioca de 1971, mandara Marco Antonio empurrar dentro da grande área o goleiro Ubirajara, do Botafogo, para que Lula fizesse o gol que dera o título ao time.

Como sonha todo indivíduo do sexo masculino no país do futebol, eu era jogador de um grande time, quase imbatível, cujo goleiro Félix era uma lenda tricampeã mundial. Nas laterais, dois modernos apoiadores: um, mais forte, que chegava rapidamente à linha de fundo, chamado Toninho Baiano; e outro mais técnico, também tricampeão mundial, conhecido como Marco Antonio. Na zaga, um jogador experiente chamado Silveira ao lado de um fenômeno que surgia para o futebol aos 19 anos, o Edinho. Zé Mário, um aplicado e incansável cabeça-de-área, protegia a zaga, deixando espaço para o surgimento de dois craques inesquecíveis do nosso futebol: Roberto Rivelino e Paulo César Caju. No ataque, a explosão e o oportunismo do ponta-direita Gil e a habilidade de um centroavante chamado Manfrini, além de uma poltrona de reservas que "injetava" durante as partidas nessa máquina de jogar futebol, para o desespero dos adversários, a vitalidade de Cléber e de Carlos Alberto Pintinho, a velocidade do Cafuringa, a juventude de Erivelton e a magia e habilidade do ponta-esquerda Mário Sérgio.

Nesse paraíso da bola rolando, eu, tricolor fanático desde criancinha, ganhara de presente a camisa 11, e percorria, com e sem a bola, os quatro cantos do Maracanã, do Mineirão, do Serra Dourada ou onde quer que o Fluminense se apresentasse, sempre feliz da vida. Vestia a camisa que era minha bandeira nas arquibancadas, trocava passes com meus ídolos e, ainda por cima, era pago para isso. Quando estava próximo de mais um título, depois de ganharmos, invictos, a Taça Guanabara o Campeonato Carioca de 1975 e termos alcançado, no Parc des Princes, o Torneio de Paris, o relógio tratou de me despertar.

Decepcionado e contrariado, me levantei naquela terça-feira, 12 de fevereiro de 2009; tomei meu café malhumorado e, antes de sair para meu trabalho como coordenador de esportes na Prefeitura do Município de Três Rios, passei pela sala e me deparei com um pôster da revista *Placar* pendurado na parede. Para minha alegria, nele vi a minha foto em meio a todas aquelas feras, e aquela imagem me fez recordar uma passagem inesquecível de minha vida como atleta profissional de futebol.

Que bom saber que tudo aquilo fora realmente vivido e jogado! E que, apesar de eu vir evitando maiores decepções ao recordar a dura realidade com a qual todos nós, ex-atletas, nos deparamos após nossa precoce retirada do cenário esportivo, fiquei feliz ao descobrir que poderia — e não me seria proibido —, mesmo que dormindo, relembrar com orgulho cenas da minha vida esportiva, sem o trauma que acomete quase todo ex-atleta, temeroso de cometer os mesmos erros de seus precursores — aquelas feras, verdadeiros ídolos que, sem melhores opções, apoio ou incentivo, se entregaram às lembranças nas mesas dos botequins em suas cidades de origem, onde acabaram embaçando o brilho de seus grandes feitos em vez de procurar construir outra realidade, sobreviver sem aposentadoria, mesmo que já sem a cumplicidade de uma bola nos pés.

Nossa arte está no ofício. Afinal, mesmo no país do futebol, não passo de um ser humano comum, de carne e osso, com direito a sonhos e recordações; "máquina" é apenas o apelido carinhoso de uma fabulosa equipe de futebol que tive a honra e o orgulho de defender há 34 anos.

Quem, Afinal, Você Pensa Que Era?

Sete anos depois de ter deixado o Fluminense FC, em Laranjeiras, demitido do cargo de treinador da equipe de futebol de juniores, fui lembrado pela primeira vez: por telefone, fui convidado, no dia 18 de setembro de 2010, a participar de uma homenagem aos campeões brasileiros de 1970 que teria lugar no salão nobre do clube.

Todo orgulhoso, levei pela BR-040 — moro em Três Rios, a 125 km do Rio de Janeiro —, além da minha esposa — que saltou em Petrópolis para se distrair comprando malhas na Rua Teresa —, uma história particular de amor e dedicação ao meu clube tricolor de coração, onde tinha ingressado aos 16 anos, na equipe infanto-juvenil. E nele permaneci até os profissionais, deixando-o, aos 23 anos, para prosseguir minha carreira de atleta de futebol.

Por onde atuei — Recife, Itabuna, Marília, Campos de Goytacaz — até a minha despedida no Bonsucesso FC, em 1985, carreguei comigo as marcas daquela paixão, cultivada desde os bancos escolares e aprofundada pelos fantásticos professores que encontrei na Rua Álvaro Chaves, 41 — o treinador Pinheiro, o supervisor Roberto Alvarenga, o roupeiro Ximbica, os doutores José Rizzo Pinto e Durval Valente, o diretor Píndaro e Julio Dutra — e que nos davam, a cada dia, lições conjuntas de esporte e cidadania, levando a reboque a fidalguia que lhes era concedida por um nobre clube de futebol, erguido com os finos traços de seus fundadores ingleses.

Segundo conta uma lenda de família, o culpado de toda essa paixão foi meu avô Diógenes Padilha, que preparou uma impagável armadilha para fazer de seu neto mais um tricolor: me colocava ao seu lado para ouvir os jogos em seu rádio de pilha, e quando o Fluminense estava no ataque aumentava o som; tornava-se impossível não gravar os nomes de atacantes como Amoroso, Joaquinzinho, Valdo e Escurinho. Por outro lado, quando o Flu perdia a bola (eu só soube disso anos mais tarde, por minha tia Ione) ele abaixava o som e puxava uma prosa; nem sinal tínhamos de quem eram os nossos adversários. Gols, então, só os que eram a favor. Cresci sem ter noção do que seria ouvir as redes de Carlos Castilho balançarem.

E, modéstia à parte, dos 13 anos em que defendi o Fluminense, se não fui um ícone, um ídolo da expressão de Roberto Rivelino, Assis, Denílson, Altair, Samarone ou Edinho, guardo em minha estante faixas de cinco títulos conquistados como atleta profissional (Taças Guanabara 1971, 1973 e 1975 e Estaduais de 1971 e 1975), além de dois títulos como treinador das divisões de base do Fluminense (Infantil, 1987, e Juvenil, 1989), o que deve representar alguma coisa.

Quando finalmente cheguei às Laranjeiras, não encontrei lugar para estacionar o carro. Tinham dito no convite, formalizado por telefone, que eu poderia estacionar no Palácio Guanabara, ao lado do clube; mas se esqueceram de avisar ao guarda, que nos impôs a primeira barreira. Por sorte, encontrei vaga numa ruela nos arredores do clube. A segunda dificuldade aconteceu na portaria: tinham se esquecido de deixar nossos nomes com o porteiro. O constrangimento só não foi maior, porque Gerônimo —não o herói do sertão, mas meu herói particular e massagista, que havia trabalhado comigo na equipe juniores — estava por perto e me colocou para dentro.

Uma vez lá, passei a assistir o assédio dos torcedores disputando autógrafos de Edinho, do artilheiro Flávio, o minuano, de Paulo César Caju e de Pintinho. Uma pena — para nós, e para os torcedores também — não haver um guia histórico para alertar: "este aqui é o Zé Roberto, ponta-esquerda da máquina tricolor de 1975, e aquele outro é o Eduardo, lateral-esquerdo".

Tudo bem que eu era cabeludo na época, mas não seria mais eu mesmo quem estava ali? O esquecimento foi além dos autógrafos que ninguém me pedia: chegou à quadra de esportes, onde tendas tinham sido erguidas. Só me restou seguir, clube adentro, outros esquecidos com histórias de luta parecidas, como o Rubens Galaxe, o Silveira, o Zé Mário e o Manfrini.

Chovia muito, e as poucas tendas armadas para nos abrigar do sol foram insuficientes para proteger atletas, dirigentes e torcedores. Com muito custo, consegui um lugar espremido, porém, anônimo. E não houve um só benemérito obeso daqueles que me cedesse seu lugar, como fizeram para o célebre Carlos Alberto Parreira — que não havia suado uma só gota pelo clube dentro de campo. Levantaram-se também para saudar e providenciar um prato de papelão com churrasco e um copo de chope para o Valdo, e como ele estava bem, o Valdo! Imprimira seus pés há poucos dias no *hall* da Fama, no Maracanã! Como eu não tinha lugar, carne e chope passavam longe de mim, e meu desconforto só aumentava.

Nós, ex-atletas, não pedimos para sermos ídolos de ninguém. Mas, quando ocupamos a vaga de titular em um grande clube como o Fluminense, e passamos a defender a paixão de cada torcedor, faixas, aplausos, carinho e atenção nos são concedidos. De tão sinceras e apaixonadas, tais manifestações ficam impregnadas em nossa personalidade, nos tornando mais frágeis e emotivos, especialmente quando fomos "criados" em palcos como o Maracanã, onde aquele concreto armado "fecha" sobre você e te arrepia, contamina e marca, deixa um sinal na pele para o qual não há remédio, nem psicólogo que o possa retirar: é para o resto da vida.

Os torcedores não são capazes de imaginar o quanto nos dói quando passam ao nosso lado, décadas depois — os mesmos que nos elevaram —, no lugar em que fomos criados, e nos ignoram, ou quase nos atropelam. Dos cartolas, beneméritos de clubes que se tornam presidentes e diretores com amplo desconhecimento de causa, tudo bem, já esperávamos isso. Mas dos torcedores, não.

Já passava das duas da tarde quando me veio o primeiro impulso de correr para o carro e me mandar daquele celeiro de ingratidão. Então, ligaram o som, e começou a solenidade, que nada tinha nada de homenagem: era o lançamento de um candidato à presidência do clube e, a reboque, a candidatura de um ex-atleta, o Deley, a Deputado Federal. Nós, a pretexto das homenagens que não foram prestadas, tínhamos sido convidados apenas para atrair a presença e a atenção de várias gerações de torcedores, sócios tricolores, especialmente aqueles com direito a voto; e tome discurso, mais chuva, e menos espaço.

Outra fila se formou ao meu lado: tinham descoberto o Félix, goleiro tricampeão mundial, e a confusão aumentou. Não havia mais espaço na tenda para mim, muito menos nas Laranjeiras. Saí como entrei, desconhecido, magoado e, definitivamente, esquecido.

Quando jogava no Flamengo, em 1976, ouvi nos chuveiros um comentário vindo da rouparia que se tornaria uma norma, um aviso de como nós, ex-atletas, seríamos e somos de fato tratados na posteridade pelos clubes que defendemos. Um roupeiro disse para o outro: "Sabe quem está aí fora? O Liminha!" Mesmo sendo torcedor do Fluminense, eu nutria uma especial admiração pelo ex-cabeça de área rubro-negro que rivalizava com o nosso Denílson, o Rei Zulu, um excepcional protetor da nossa área. Antes de terminar o banho e sair para conhecer e reverenciar tão festejada personalidade mais de perto, soou em resposta o comentário do outro roupeiro: "Deve estar desempregado. Ex-jogador quando vem ao clube é para pedir dinheiro!"

Carreguei o tal comentário preso na garganta durante os meus 17 anos de profissão, e ele nunca esteve tão vivo na minha memória quanto naquele momento em que eu me esgueirava entre torcedores e sócios tricolores, me protegendo de pingos de chuva cada vez mais fortes, para encontrar meu carro e pegar o caminho de volta.

Descontadas outras armadilhas como essa, jamais dei brecha para que pensassem de mim o que haviam dito do Liminha. Mesmo desempregado, precisando de dinheiro, não estava ali por aquele motivo. Alguém havia me convidado, mas quem? E quem eu pensava que era? Teria mesmo defendido aquelas cores? Ou, quem sabe, entrara no clube errado?

Completamente sem graça, sem trazer para casa uma só manifestação de carinho ou atenção, sem ter mastigado um só pedaço de carne ou provado um gole de chope, retornei à Serra das Araras pela bela estrada de Itaipava, com uma enorme saudade da cumplicidade que havia um dia experimentado. Passávamos mais de uma década em nossos clubes, tínhamos amor à camisa e nos matávamos dentro de campo, mas não nos faltava reconhecimento fora dele.

Por entre os raros cabelos ou pelos fios esbranquiçados que restaram, foi possível reconhecer, em cada companheiro, as marcas cruéis deixadas em todo o corpo por um esporte de alta performance, praticado numa época em que não existia nenhuma proteção ou "blindagem". Jogamos e treinamos décadas a fio sob sol forte, quando ainda nem havia sido inventado o filtro solar. Subíamos e descíamos as estradas das Paineiras e a Vista Chinesa, 10 km de corrida utilizando tênis inapropriados, sem amortecedores, um modelo com travas de borracha da Rainha que recebíamos dos roupeiros e que eram igualmente aproveitados para jogar os coletivos — tudo isso para economizar dinheiro, e explodir nossas juntas.

Quando rompidas, as articulações eram tratadas a céu aberto, sem artroscópio; após a cirurgia, o médico expunha no copo, como um troféu, o menisco inteiro — não apenas a parte lesionada. Atingidos nas canelas por travas de alumínio, não tivemos a oportunidade de conhecer as caneleiras; e nossos estômagos, pobres coitados, ficavam no limite, perfurados talvez como os pulmões de um fumante por conta das doses semanais de Voltaren ou Tandrilax.

Sem aposentadoria que levasse em conta tanta insalubridade e perigos; por ter jogado calçando chuteiras que machucavam, com bolas pesadas de couro que feriam pés e mãos indistintamente; e arremessados no mercado de

trabalho após os 35 anos de idade — para atuar em outra
função qualquer, um ofício para o qual não tínhamos sido
preparados -, nós, ex-atletas de futebol, encontramos no
ostracismo e na falta de direitos trabalhistas motivos de so-
bra para aprendermos a nos proteger de novas pancadas.
Poupem-nos então pelo menos os futuros cartolas, novos
dirigentes dos clubes de futebol, de nos convidar para sermos agraciados com doses extras de desconsideração —
como a que nos foi ofertada naquele sábado, na sede do
Fluminense FC.

Em casa, de volta às nossas cidades de origem, cercado pelos filhos e netos, nos restam ao menos os álbuns,
troféus, pôsteres e medalhas que, mesmo empoeirados e
em silêncio, preservam a memória do respeito e da glória,
momentos mágicos de nossa história incomum.

ONDE MAL NASCE GRAMA, QUE DIRÁ ESPERANÇA

Por estes dias encontrei um rubro-negro inconsolável, Flavinho, garçom do restaurante Arabeck aqui em Três Rios: "Puxa, mal estou conseguindo dormir", ele me disse. "Logo o Bruno, que já me deu tantas alegrias..."

Sincera, era, no mínimo, uma manifestação diferente de todas que ouvi, li e assisti, como as que foram pichadas nos muros da Gávea e da tranquila Vespasiano, completamente oposta à caça às bruxas, quem sabe até justa, que passou a sofrer o goleiro Bruno em todos os veículos de comunicação. "Trata-se de um monstro!" Disse uma senhora que passou por nós. "Um assassino!" Respondeu a outra.

Para tentar consolá-lo, eu lhe disse que Bruno pagara o preço de ser um daqueles ídolos que, em menos de quatro anos, trocam os duros bancos dos trens da Supervia pela confortável poltrona de couro de uma Mitsubishi Pajero; e passam a lidar com vinte jovens sedutoras, que surgem de todos os lados da fama, substituindo as namoradas de infância recém-abandonadas que os ajudaram na ascensão profissional.

O que muitos levam anos para conseguir, tendo que aprender a usar de prudência para cuidar de suas riquezas, um jogador de futebol às vezes consegue quase que de forma instantânea: de júnior a profissional, firmando-se na equipe titular, passa a ganhar um montante que não sabe administrar. Aos 18 anos, ganha uma ajuda de custo do clube; dois anos depois, passar a ganhar 10 vezes mais do que seu presidente. Isto é, se Patrícia Amorim ganha mais de 20 mil reais por mês, imagine quanto ganha um jogador... Em qual empresa no mundo isso acontece? Na cabeça de que empregado em todo o planeta tal reviravolta parece possível?

Se Bruno jogasse basquete e, querendo ficar livre de uma maria-garrafão, pedisse ajuda a um companheiro em quadra, este lhe daria conforto e o levaria para passear no shopping. Se estivesse no time de Bernardinho, e passasse por qualquer problema conjugal, qualquer um daqueles educados desportistas o aconselharia a procurar a ajuda de um psicólogo. No entanto, ao pedir socorro às bases carentes, socialmente mal assistidas e que só agora conhecem o bolsa família e as UPPs, Bruno deve ter ouvido dos amigos o pior conselho: "Deixa que nós resolvemos para você!" E resolveram, ao modo deles.

Quase todos os jogadores que se tornaram ídolos do futebol brasileiro foram revelados em periferias ou favelas — Kaká e Caio Ribeiro são exceções. Brinquedos? Só a bola. Colégios? Matam aula para jogar bola. E se não encontram tempo para o inglês e para a informática... ficam de fora da inclusão social. Por conta de uma única opção, exercem à exaustão sua vocação, o que os leva à perfeição.

Mesmo rendendo uma história para o Globo Esporte, um lar desfeito por dificuldades vividas não passa nenhum exemplo, especialmente quando a boa índole, que é o mais importante de tudo, não está presente. Podem ter dado um jeito no problema de Bruno, mas ao modo deles, e acabaram jogando no lixo a carreira do rapaz. Será que o jogador quis que a solução do "problema" fosse aquela? Não. Bruno quis estudar e não foi estimulado; quis dos amigos conselhos sensatos e não conseguiu; e das opiniões altruístas não lhe sobrou nada. Restou-lhe apenas o cárcere de agora, a execração, a sentença com a qual pouco sabe lidar.

Bruno se tornou um especialista em defender pênaltis, em dar alegria à sua nação. Pena que tão poucos neste país tenham perdido algum tempo para tentar defendê-lo das armadilhas sociais. Então, Flavinho do Arabeck, para seu consolo, permita-me ser a exceção.

Defendo Bruno porque o problema está na sociedade, não no indivíduo, aquele que escolheu para seu ofício pisar num lugar em que a grama mal consegue crescer, que dirá a esperança.

Impacto Profundo

Talvez pela minha estreita ligação com o futebol, esporte no qual a maioria dos jogadores emerge das camadas mais carentes da população, sempre tive negros entre os meus melhores amigos. E, podem acreditar, são pessoas especiais: leais, sensíveis, habilidosos e inteligentes. O futebol, diferente de qualquer outro segmento social — por exigir que em sua formação de base o "aspirante" jogue descalço até a adolescência, para sentir o tato na bola, e comece pisando em campos de terra batida para aprimorar recursos e ampliar o leque de opções, vindo a dominar seu instrumento de trabalho —, já traz embutido em seu "manual do candidato" o mais eficiente sistema de cotas de que se tem notícia.

Peça a uma mãe de classe média para deixar seu filho praticar um esporte de pés descalços até criar bolhas, ou ficar depois da aula para jogar uma pelada em vez de reforçar com aulas particulares os estudos de química, aprender inglês ou informática. Não se deve discutir com qualquer mãe, pois elas sabem que só estudando a sua prole vai continuar mantendo a hegemonia, o domínio e a posse de 98%

das vagas profissionais em nosso país. Em sua santa sabedoria, elas devem pensar: *deixe o futebol para eles, os negros e os pobres* — que o praticam desde Leônidas da Silva como uma arte, e que, além disso, é para eles um poderoso instrumento social de redistribuição de renda e oportunidades.

Nesta época em que o mundo exalta a odisseia de um negro, que superou barreiras ilimitadas para se tornar advogado, líder estudantil, senador da república e presidente do mais poderoso país do mundo, eu me pergunto: "E entre nós, brasileiros, haverá espaço para um enredo tão bonito, ou semelhante a ele, fora das quatro linhas?"

Escrevo isso depois de ter sonhado a noite inteira com o assunto do *Jornal da Noite* daquele 4 de novembro de 2008, a terça-feira em que a mídia em peso exaltou o novo presidente americano, e acordo em minha cidade. Enquanto me dirijo para o trabalho, desperto de vez para a nossa dura realidade, ao me deparar com o muro solidamente erguido demonstrando que nem tão cedo algo parecido poderá ocorrer por aqui.

Entre a multidão de estudantes indo para a escola, verifico uma maioria absoluta de brancos se dirigindo para as escolas particulares. Em sentido oposto iam os pardos, os negros e alguns poucos brancos cujos pais não conseguiram pagar por um colégio particular, com suas blusas brancas e detalhes em laranja, se dirigindo para seus colégios públicos. O turno da manhã, pelo menos aqui na minha cidade, é o único em que há chances iguais para todos, pois os bons professores e os bons colégios não se distinguem por serem públicos ou particulares.

A diferença aparece no turno da tarde: os estudantes de escolas particulares voltam após as aulas regulamentares para o curso de inglês, para o reforço de matemática no curso Kumon e diversas outras atividades extracurriculares, como teatro, cinema e música. No fim do ano, serão homenageados com seus nomes nos painéis dos colégios; irão para as faculdades, nas quais provavelmente se formarão, e depois voltarão à cidade para ocupar os cargos e espaços que pertenceram a seus pais e avós no comércio, nos clubes, nos consultórios, nas bancas de advocacia e nas instituições de mando e poder.

Os estudantes de escolas públicas, pelo contrário, com raríssimas exceções, trabalham à tarde no Supermercado Bramil e como *office-boys*; tentam um primeiro emprego na prefeitura ou fazem concurso para a guarda municipal. Com sorte, podem até virar professores ou motoristas de madame. É bom deixar claro: são todos trabalhos honrados e dignos, mas em nenhum deles poderão atingir um *status* mais elevado ou adquirir influência para modificar o atual sistema; nem muito menos qualquer um deles os levará ao topo, para que possam dar um basta.

Eu não queria ter presenciado essa cena de tanta desigualdade, assim, logo de manhã, não depois daquele belo filme americano de superação. Aliás, foi sempre assim: desde crianças nos tornamos reféns da imaginação de Hollywood, algumas vezes com Lessie, outras com ET, Hulk, Homem-Aranha; e, agora, Barack Obama.

Exaltar heróis de terras longínquas enquanto ao mesmo tempo negamos a existência dos vilões que temos em casa, é uma escolha na qual insistimos aqui no Brasil. Aquilo que assisti deve ter sido na verdade o filme "Impacto Profundo", com Morgan Freeman, vencedor do Oscar, no papel de presidente, um roteiro que só terá chance por aqui quando um "profundo impacto" ocorrer no seio da mais preconceituosa sociedade do mundo, onde a Klu Klux Klan anda à paisana e é capaz de produzir esta máxima, símbolo de seu eterno cinismo: "No Brasil não há racismo porque o negro conhece o seu lugar".

No país dos nossos sonhos, aquele do filme, os negros jamais se conformaram com o lugar que os brancos reservaram para eles. Por isso conseguiram produzir um herói, colocar, depois de muito confronto racial, o seu "rei" na Casa Branca, enquanto por aqui nos resignamos a ver o nosso rei negro ocupando apenas por uma noite a tribuna de honra do estádio da Vila Belmiro, em jogos do Santos.

Agora. Se você, prezado leitor, acha que exagerei na dose, permita-me que lhe informe quantos prefeitos negros foram eleitos votação de 5 de outubro daquele mesmo ano, em mais de 5 mil municípios brasileiros: nenhum.

TU CONTINUAS O MESMO!

A partida entre Fluminense e Flamengo pelo Campeonato Estadual Juvenil de 1979, realizada no Maracanã quando as preliminares eram permitidas, e os torcedores tinham o privilégio de acompanhar o surgimento dos futuros craques de seu time em vez de ficarem horas, impacientes, perante aquele impávido tapete verde, estava com o placar 1 x 0 para o tricolor.

Aos 23 minutos do segundo tempo, tentando salvar uma situação de perigo dentro da área, nosso zagueiro central Abel Carlos da Silva Braga, o Abelão da Vila da Penha, optou pela forma mais bonita, dando um chapéu no meia-esquerda que vinha em velocidade. Fez isso em vez da jogada que seria mais condizente com o futebol que ele praticava, segundo o qual a melhor atitude seria aliviar com um bico pra frente.

O Maracanã, templo sagrado do futebol, sempre atordoou seus atores ao fechar sobre cada um deles aquele toldo de cimento armado, no qual o eco do torcedor soa como uma bomba-relógio — nas grandes jogadas e também nas maiores pixotadas. Ao realizar o chapéu, Abelão calculou mal, e o atacante rubro-negro — portador de um topete louro, que era rápido e franzino e se chamava Arthur Antunes Coimbra, apelidado de Zico — conseguiu evitar o drible, tocando de cabeça, invadindo a área e empatando a partida.

Todo o elenco tricolor era traumatizado pelo enorme pito que seu treinador, o ex-zagueiro Pinheiro, dava em cada um de seus representantes. O time podia ganhar com cinco gols de vantagem, mas ele, Pinheiro, sempre tinha algo mais para cobrar. Reunia todos numa roda no meio de campo, sentava-se sobre a bola branca, a resistente Drible, e escolhia um para "cristo". Naquela terça-feira, Abelão era, sem dúvida, a bola da vez. E "seu" Pinheiro jogou pesado, contando a história de um meninão (Abel, aos 17 anos, já tinha seus 1,86m de altura) empolgado, que veio do subúrbio da cidade do Rio de Janeiro e ficava tentando fazer "gracinhas" para as meninas e para a plateia, em vez de ter em mente sua responsabilidade maior de zagueiro. Com isso, comprometera todo o elenco, e tome blablablá — algo fundamental em nossa formação, pois ao lado de "seu" Pinheiro estavam Sebastião Araújo, Roberto Alvarenga, José de Almeida e o Dr. José Rizzo Pinto, nomes consagrados, porta-vozes do culto tricolor à disciplina, do respeito às tradições e ao cumprimento do horário, enfim, todo aquele conjunto de normas éticas que deram ao Fluminense a Taça Olímpica de 1949.

Naquele meio de campo, a cada terça-feira, após derrotas ou vitórias, várias gerações de jogadores se transformaram em homens sérios e desportistas corretos, entre eles Rubens Galaxe, Edinho, Pintinho, Cléber, Gilson Gênio, Mário Marques, Zezé, Paulinho, Edvaldo, Tadeu e Deley.

Bem, o tempo passou, nós crescemos, trocamos de clube e o futebol do Abel evoluiu mais do que o de todos nós, tanto que ele chegou à Seleção Brasileira, jogando exatamente como Lúcio: aplicado, fazendo o simples com enorme eficiência. Mas quis o destino que no limiar de nossas carreiras, 25 anos mais tarde, quatro personagens daquele time tricolor de antigamente se reencontrassem em uma nova equipe: o Goytacaz FC, então disputando a primeira divisão do Estadual Carioca: Pinheiro era o treinador; Abelão era zagueiro, depois de anos na França defendendo o Paris St. Germain; Rubens Galaxe, também depois de rodar bastante; e eu, tentando uma sobrevida com meu joelho "trioperado".

Tínhamos uma boa equipe, com o Petróleo de centroavante fazendo a diferença — ao lado daquele seu "xará" que começava a jorrar do primeiro poço descoberto na bacia de Campos, o Garoupa — e Totonho na lateral direita, além do aplicado Índio na cabeça-de-área. Eu e Abelão estávamos casados de novo, e saíamos sempre juntos para jantar. Por conta de sua temporada na França, o amigo nos apresentou o vinho como substituto da cerveja, um belo hábito que mantenho até hoje.

Então veio um clássico contra o Bangu na Rua do Gás: casa cheia e, na arquibancada, a presença das nossas novas mulheres. De repente, o Abelão toca pro lateral direito e dá um pique para receber atrás do lateral esquerdo adversário; recebe a bola e, e em vez de cruzar para o Petróleo, tenta um drible e perde a bola. Veio o contra-ataque e quase tomamos um gol.

Não era, de fato, uma jogada ensaiada que tivesse uma cobertura imediata; mas aquele velho filme do Maracanã me veio à mente, e na descida para o intervalo comentei com o Rubens: "Você está pensando o mesmo que eu?" Rubens balançou a cabeça, deu uma risada e retrucou:

"Agora é diferente; éramos garotos, somos todos casados e o seu Pipi deve ter mudado de temperamento."

Chegamos ao vestiário, recebemos nossas laranjas, bebemos água e quando a preleção começou, "seu" Pinheiro, implacável, virou-se para o Abel e soltou: "Tu continuas o mesmo!"

Conta a lenda que a reação do Abelão não foi tão pacífica quanto nas Laranjeiras: houve empurra-empurra pra cá, um "você me respeita que não sou mais moleque" pra lá. O fato é que só o futebol é capaz de produzir pérolas tão raras, por jogar, a cada partida, baldes ferventes de emoção sobre o que lhe resta de racionalidade.

DESCULPE, CAIO!

O jogo, para mim, era extremamente importante. Tratava-se da primeira partida do Três Rios FC, um projeto da Secretaria de Esporte e Lazer que fazia sua primeira apresentação no Campeonato Estadual Sub-20, em Angra dos Reis, em março de 2009.

Eu viajava com a equipe ao lado de meu amigo e assessor Jorge Costa, e o treinador Leonardo Lobato seguiu de carro mais tarde, com seu preparador físico Neumar Candido, pois tinha prova naquele sábado na faculdade. Mais cinco minutos de atraso e eu teria que distribuir as camisas e colocar em campo uma equipe que jamais vira treinar.

Quando a bola finalmente rolou, foi despejada sobre um belo gramado, num local bonito e cercado de montanhas daquela privilegiada cidade costeira, uma nova versão da inesgotável arte e competência do futebol trirriense. Entre os espectadores, um olheiro do Fluminense FC, que se apresentou e vaticinou, encantado, ao final da partida: "Quero prioridade nos passes dos números 6 e 7".

O camisa 6 era Caio, um lateral alto, canhoto, que apoiava com o vigor de um Athirson em começo de carreira; e o 7 era um arisco ponta-de-lança, estilo Magno Alves, que bagunçara a zaga angrense, nos levando a uma bela vitória por 3 x 2. Fora de casa, e na primeira rodada do Estadual, a vitória estimularia a grande campanha que realizamos em todo o campeonato.

Na volta de Angra, durante a parada em Volta Redonda no Restaurante Borba Gato, uma cena nos chamou a atenção: quem jogara os 90 minutos comia um sanduíche com GuaraMil, enquanto o motorista da Viação Progresso era o único com direito a uma justa refeição. Nossos heróis, pelo vidro do restaurante, olhavam o motorista saborear um prato que o esporte, vivendo de sobras e migalhas, restos do orçamento da nação, não era capaz de lhes oferecer.

E não fora o olheiro do Flu o único a se encantar com eles; os traficantes locais, atraídos pela facilidade de entrada e saída no maior entroncamento rodoferroviário do país, também enxergaram naqueles craques um futuro promissor para a distribuição e consumo de suas mercadorias. Se na terça-feira o Cidão, nosso mordomo, distribuía 10 bolas para os treinamentos no Estádio Odair Gama, durante toda a semana — nas portas das escolas, nas saídas dos bailes e baladas, do funk ou do pagode — pelo menos o triplo de bolas de crack, acompanhadas de maconha e cocaína, eram colocadas à disposição deles.

Tem sido essa, infelizmente, a dura realidade enfrentada por nossa juventude. Durante o segundo turno, nossos camisas 6 e 7 foram desaparecendo em campo e, segundo notícias dos vestiários, brilhando nas madrugadas trirrienses. De destaques no time, passaram a meros coadjuvantes que sequer teriam vez entre os titulares. Afastados pelo treinador, recorreram às suas mães, que nos procuraram na SETURES; e acabaram conquistando uma infrutífera segunda chance.

Certa raposa da educação física nos disse uma vez que, durante a adolescência, recebemos 2/3 dos hormônios que são despejados em nosso corpo durante toda a vida, o que explica a voracidade do jovem para experimentar todo tipo de sensações: se lhes oferecemos cultura, tornam-se sábios; se lhes incutimos amor ao esporte, tornam-se atletas; mas se lhes oferecerem drogas, e eles embarcarem nessa viagem sem volta, a sociedade perde a oportunidade de formar mais um cidadão de bem.

Na quarta-feira, 26 de Janeiro de 2010, aos 20 anos, Caio, nosso camisa 6, foi assassinado com dois tiros na cabeça. Sem saber ainda as reais causas do assassinato, mas sabendo dos descaminhos que ele percorria, imaginamos que certamente não fora vítima de bala perdida — deviam ter endereço certo, e não era a tranquilidade do lar que sua mãe tanto lutou para preservar, a paz de uma casa de oração ou a aura competitiva de uma concentração. Em menos de dois anos, Caio deixara para trás a chance de se apresentar nas Laranjeiras e se tornar um craque no futebol, que ajudaria a sua família, para se tornar mais uma vítima na cadeia nebulosa que se descortinara diante dele.

Infelizmente, estamos perdendo esta guerra, não só no futebol, mas também nas escolinhas de basquete, handebol, voleibol e futsal, e em todos os lugares em que nossa juventude se concentre. Como secretário de esportes, responsável junto ao prefeito pelo planejamento da gestão pública dessa importante pasta, tentei fazer daquele jogo em Angra dos Reis, em 2009, o símbolo de uma nova era de oportunidades para nossos jovens atletas. Mas, tendo sido derrotados pelos traficantes e pelas más companhias, só nos resta pedir desculpas à sociedade e à família daquele jovem.

Me desculpe, Caio, por eu não lhe oferecer mais "bolas" do que eles; por não ter sido capaz de captar patrocínio para lhe proporcionar uma digna refeição após aqueles 90 minutos de luta e de glória; enfim, por não termos tido a competência de provar o valor do esporte na vida de vocês, nossos jovens e adolescentes. Descanse em paz, nosso lateral esquerdo, e que sua família tenha forças para suportar a perda de um ente tão querido, um talento tão precoce.

LIBERDADE, AINDA QUE CANINA

Era uma vez dois cachorros trirrienses: um vira-lata de origem desconhecida, frequentador da margem direita do Rio Paraíba do Sul, em Nova Niterói, sem números ou fundos; e outro da raça poodle, morador da Rua XV de Novembro, número 86, Centro. O primeiro, de nome Xô!, também conhecido como Passa!, Sai! e Fora! andava solto pelas ruas, já tendo sido atropelado duas vezes; mancava da pata direita, jamais fora vacinado e o último banho que tinha tomado foi durante o pé d'água que caiu sobre a cidade, já vai longe, em agosto passado. Dormia ao relento, comendo em diversas latas de lixo espalhadas pela cidade, e tinha como esporte predileto bater pega com os carros e as motos, além de perseguir os cavalos e mulas das charretes que ainda cruzam a cidade. Não tinha dono, só abandono, e ninguém jogava bola para ele ir atrás. As pessoas apenas corriam atrás dele atirando pedaços de pau, para acertar, fosse na frente ou atrás.

O segundo, um poodle branco, chamava-se Baby e estava em dia com a vacinação; tomava seu banho regularmente, fazia escova, digo, tosa aos sábados, variando seu cardápio entre o suflê da Purina e as massas Pedigree. Passeava pelas ruas acompanhado de perto por seu dono, ou responsável. Vestia macacão durante o inverno e dormia numa cestinha aquecida, com mantas de lã. Durante o verão, os banhos dobravam, ele passeava pela Praça da Autonomia e viajava para Cabo Frio. Era amado e coberto de carinho por seus donos.

Diante de tamanha diferença de tratamento, Ceus, o Senhor dos Cães, em prol da igualdade social entre os seus, ordenou que Xô! trocasse de lugar com Baby por um dia, para que ambos experimentassem a realidade vivida por um semelhante.

Xô! vibrou com a oportunidade; logo que teve endereço fixo, tratou de comer durante o dia todo. No começo, estranhou a roupinha que vestiram nele para ir passear, mas foi se acostumando, e dormiu tanto na cesta quentinha que perdeu a hora de ir para as ruas. Só que quando saiu, e lhe colocaram uma cordinha no pescoço, passando a ter hora para ir e voltar, a ter espaço restrito para circular — latir? nem pensar! —, ficou desconfiado e, quando retornou, sentiu que lhe faltava alguma coisa essencial. Não sabia o que era, mas preferiu voltar a comer, dormir e curtir um banho quentinho com sabonete, pasmem, da Natura.

Já Baby parecia um pinto no lixo: sem a cordinha no pescoço, a tal coleira, saiu feito um louco pelas ruas; perseguiu gatos, escapou dos carros, pulou em vão para agarrar as pombinhas, fez xixi onde bem entendeu e seguiu, feliz, um bando que perseguia uma "parceira" no cio. Vacinado e bem alimentado, chegou antes dos outros e fez do ato de procriar (até então anual, encomendado e programado com uma companheira que jamais escolhera) uma farra alegre, sem hora para terminar, com a cadela que correra para conquistar. De tão alegre, não sentiu fome, nem sede, nem falta de carinho, porque, pela primeira vez na vida, experimentara a liberdade — aquela tal, de ir e vir, de sair de casa na hora que quisesse e retornar quando bem entendesse: a sensação única e impagável de estar livre.

No dia seguinte, Ceus ordenou nova troca, que cada um voltasse a viver no seu habitat natural, isto é, quem tinha tudo perderia a liberdade e quem nada tinha a receberia de volta. Moral da história: Xô! e Baby jamais seriam felizes novamente. Depois de conhecerem outra realidade, não conseguiam entender porque não poderiam ao mesmo tempo ter um dono, um pouco de atenção, higiene e alimentação e serem também donos de seus próprios focinhos, patas, destinos e libido, pobre vida de cachorro!

Só perde mesmo para a vida de humano, essa estranha criatura que raciocina e pode optar pelas duas coisas, mas, ainda assim, permite que a luxúria, a avareza e centenas de relógios Rolex coexistam com as coleiras, a fome e o desabrigo de seus próprios irmãos.

PESADAS REPATRIAÇÕES

Guardo bem as declarações de Robinho quando voltou ao Santos, vindo do exterior; em resposta à pergunta de um repórter, indagando se ele estava em condições de acompanhar a correria instaurada por Neymar, André, Ganso e cia., no início da saga "meninos da vila", o jogador declarou: "Estou com 10 kg a mais do que quando deixei o clube; ganhei massa muscular e fica mais difícil acompanhá-los num contra-ataque. Mas tenho superado isso com minha colocação e experiência!"

Quando deixou o clube santista para jogar na Europa, a imagem que guardamos do jogador, e que devia abrir seu DVD de apresentação e as portas da fama, foi aquela célebre pedalada para cima de Rogério, então lateral do Corinthians, durante a disputa pelo título brasileiro de 2002.

No auge da forma, com menos 3 cm em cada coxa e doses extras de taxa de gordura, Robinho produziu, com 68 kg, as grandes obras de arte de sua carreira. Depois disso foi jogar num país em que o esporte dá ao condicionamento físico a importância que deveria dar à arte, e tome musculação para aumentar a massa com a qual, dizem os manuais de preparação deles, irá suportar o truculento futebol europeu; fora ter que aguentar durante os primeiros anos de adaptação (coitado do Coutinho, a bola da vez na Inter depois de Alexandre Pato!), os suplementos alimentares, a escassez de bola e nada de aprimoramento técnico, apenas treinamento tático.

Foi assim também com Ronaldo, o Fenômeno, que embarcou voando do Cruzeiro e retornou se arrastando. Pior ainda aconteceu com Ronaldinho Gaúcho, que acumulou uma dezena de quilos e nunca mais conseguiu desenvolver sua arte no campo inteiro. O máximo que tem conseguido, desde então, é ficar plantado na ponta-esquerda, com pouca mobilidade entre os diversos setores do gramado, para dominar com categoria seu instrumento de trabalho, alçá-lo na grande área para um grandalhão daqueles cabecear. Jamais voltou a partir com a bola dominada, a tabelar em velocidade, a pedalar, como fazia em seu fulminante início no Grêmio e na Seleção Brasileira. Ronaldinho nunca mais foi nem será o mesmo.

Pensemos no Marílson da Nóbrega, outro atleta de ponta, tricampeão da São Silvestre em anos espaçados e bicampeão da Maratona de Nova York, com o mesmo peso. Se voltar a disputar a prova com dez quilos a mais, vai parar na subida da Brigadeiro Luis Antonio, alegar para a mídia e para seus patrocinadores "que está mais experiente, melhor posicionado no percurso"; mas tempo, velocidade, e, consequentemente, vitórias e conquistas, que são o que importam, nunca mais.

O Flamengo trouxe de volta uma mercadoria com excesso de peso, um peso que está, definitivamente, incorporado ao produto adquirido; e na posição em que ele joga, a falta de desenvoltura compromete decisivamente o resultado final. Ronaldinho iria se destacar mais nas pistas de dança, nas noites quentes do Baixo Leblon, nas manhãs ensolaradas de futivôlei em Ipanema, do que nas tardes em que precisaria partir para cima de um zaguciro do Voltaço, do Duque de Caixas e do América, pois lhe faltava a leveza e o ímpeto do passado.

Já Roberto Carlos e Adriano, por jogarem sempre nas mesmas posições, pré-determinadas, puderam suportar a carga extra — se por um lado lhes tiraram a velocidade, por outro trataram de proteger suas articulações, para que pudessem se arrastar por um tempo maior sem serem notados.

Claro que a culpa não é dos Ronaldos, nem de Robinho. É de um futebol que relegou ao segundo plano a figura ímpar do profissional de educação física. Você por acaso sabe o nome do preparador físico de seu time? Pois há três décadas nós sabíamos não só o nome, mas também como eram importantes. Paulo Amaral, Admildo Chirol, Antonio Melo, Paulo Paixão e Célio de Barros eram tão valiosos e respeitados quanto os nossos treinadores. Para não perderem seu *status* nem os salários, Parreira, PC Gusmão e Sebastião Lazzaroni, entre tantos outros, largaram a educação física e se tornaram treinadores, causando irreparáveis perdas para os dois lados.

Durante a semana de preparação de qualquer grande equipe, pelo menos durante quatro dias, e por quase toda a valiosa pré-temporada, os atletas estão nas mãos desses profissionais, que, se valorizados, acompanhariam com suas planilhas a vida dos nossos craques mundo afora, impedindo que o excesso de peso limitasse sua enorme capacidade técnica. Mas trocam-se os técnicos, que ganham cada vez mais, e jogam-se para segundo plano os preparadores físicos.

Sorte de Pelé, que jogou em uma época sem musculação ou esteroides anabolizantes; de Zico, que tinha um profissional do quilate de José Roberto Francalacci a acompanhá-lo; de Marílson, que tem o mesmo profissional de educação física como treinador até hoje, fidelidade que nossos astros do futebol só concedem a seus empresários. Se Ronaldinho Gaúcho, em lugar de seu irmão Assis, tivesse alguém cuidando de seu físico, e não apenas de seu bolso, seu futebol não estaria sendo leiloado nem sua imagem tão arranhada. Quem sabe até poderia ser exaltado na boate *El Divino*, em Florianópolis, palco de comemorações onde sua conduta irresponsável deixou de ser exceção para se tornar regra e vício.

Tal atitude é uma espécie de fuga, válida apenas para cidadãos que não perceberam que, ao assinarem seu contrato milionário para defender a paixão de milhares de torcedores, tornaram-se atletas profissionais, não mais meros jogadores de futebol.

Verás Que um Filho Teu Fugiu à Luta

Sou do tempo em que defender o país era uma questão de honra. E de orgulho. Ser convocado a lutar pela pátria, outrora com armas e, hoje em dia, com tecnologia, petróleo e gás e, por que não, com a bola, fazia parte dos sonhos dos meninos que antes da aula cantavam o hino nacional. E que viram subir a bandeira, impávida, que permanecia hasteada por todo o período letivo.

Então veio o regime militar e a minha geração, de tanto apanhar e ser censurada em suas manifestações mais prementes, acabou perdendo parte desse orgulho. Uns passaram a sonhar com Cuba, outros a torcer pela Argentina, os mais radicais fecharam com a Rússia; mas o que todos queriam mesmo é que o esporte não fosse mais utilizado como trunfo de um regime de exceção — um trunfo que os forçava a subir a rampa dos palácios e desfilar a cada triunfo, como troféus, perante consecutivos governos ditatoriais.

Nós, ao contrario dos americanos, deixamos de cultuar nosso pavilhão e, à exceção de uma Copa do Mundo de Futebol, dificilmente o exibimos como alegoria de mão, nos carros ou como adorno nas sacadas de nossos prédios e residências. Só o tempo, a democracia e o fim das desigualdades sociais poderão nos levar a amar novamente a bandeira nacional.

Escrevo tudo isso porque um brasileiro, ao recusar uma convocação para servir à pátria, chamou a minha atenção: o soldado-treinador Muricy Ramalho disse não à seleção brasileira de futebol. Alegando razões menores, como ser ético perante cartolas eternamente antiéticos (como o presidente tricolor Roberto Horcades, demitindo por telefone o técnico Cuca, que salvara o clube de cair para a segunda divisão), dizendo-se preocupado em dar exemplo ao filho (como se trair a mãe-pátria fosse um pecado menor), e perante considerações equivocadas (como seria possível o Fluminense não sentir orgulho em ceder seu treinador para a Seleção? quem sabe até faria justiça ao Fred!), o cidadão Muricy Ramalho rasgou, em rede nacional, um convite oficial para recuperar o prestígio do nosso futebol.

Homens da grandeza de Telê Santana, Evaristo Macedo, Claudio Coutinho, Zagalo, João Saldanha e Carlos Alberto Parreira jamais se recusaram a servir. Pegaram sua história de luta e foram enfrentar, com coragem, a mais temida e preparada imprensa esportiva do mundo, e o povo que mais entende de futebol no planeta. Foram questionados, perseguidos, pediram-lhes ponta, lhes pegaram no pé; alguns quiseram comê-los vivos, exigindo Romário e Neymar. E mesmo o tão criticado Dunga, à sua maneira, fez o que pôde para defender o seu país.

Muricy Ramalho disse um não ao maior desafio de um treinador de futebol, e um sim à comodidade de limitar-se a dirigir um único clube do nosso futebol. Diante da certeza de cobrança de todas as cores, entendeu ser mais confortável e seguro preservar a histórica fidalguia que aristocratas tricolores, cariocas e paulistas costumam conceder a seus treinadores.

Muitos profissionais, no esporte e em outras áreas, sabem aonde querem chegar, mas poucos reconhecem o que não serão capazes de alcançar. Muricy, pelo menos, teve a coragem de dizer aos confusos comandantes da CBF, antes de partirem para a guerra de 2014, que não reunia condições estruturais de dirigir a nossa tropa durante o tortuoso período de renovação logística e de recuperação territorial nos quatro anos que a precedem. Deixou claro que não nasceu para ser herói ou mártir. Veio ao mundo para ser apenas Muricy Ramalho, soldado comedido, competente treinador de futebol de clubes. Por esta razão, deve ser respeitado pelos tricolores, e esquecido pela história maior do nosso futebol.

O Anjo de Pernas Tortas

Em 1958, ano do nosso primeiro título mundial de futebol, conquistado na Suécia, o técnico Vicente Feola fazia a preleção final para a Seleção, descrevendo as jogadas ensaiadas durante a semana:

"Você, Vavá, vai cair para a esquerda, abrindo espaço para Pelé. Zito vem de trás, revezando com Didi para arrematar, enquanto Nilton e Djalma avançam em apoio a Zagalo e Garrincha. Entendido?"

"Certo", respondeu Garrincha. "Mas o senhor já combinou com o adversário para ele deixar a gente fazer tudo isso?"

Esta passagem, registrada no livro *Histórias do Futebol*, do jornalista Sandro Moreira, revela um pouco da simplicidade e ingenuidade de um dos maiores jogadores de futebol de todos os tempos: Mané Garrincha.

Nascido em Pau Grande, distrito de Magé, no estado do Rio de Janeiro, Garrincha teve o que falta a muitas crianças e adolescentes em nosso país: espaço para exercer seu dom em vários campos de terra batida, hoje quase ex tintos pela especulação imobiliária, e tempo para exercitar sua arte — por ter nascido numa época menos globalizada e capitalista, diferente desta, em que jovens de origem humilde, como ele, precisam trabalhar ou fazer malabarismos nos sinais de trânsito para ajudar a família.

Garrincha jogava futebol de manhã, e, à tarde, faltava a algumas aulas para aprimorar seu desempenho. Dono de um drible mortal para qualquer marcador quando arrancava com sua perna direita, em impressionante velocidade, rumo à linha de fundo (só mais tarde os fisiologistas descobriram que o segredo era a perna esquerda, que fazia a base e tinha quase o dobro dos músculos da perna direita), Mané Garrincha chegou ao Botafogo — na época, base da Seleção Brasileira e disparado o melhor time carioca — aos 17 anos. Quis o destino que em seu primeiro treino, ainda durante os testes, ele tivesse como marcador o lateral-esquerdo Nilton Santos, mais tarde capitão da Seleção, que ficou conhecido como a Enciclopédia do Futebol.

Não foram poucos os que zombaram daquele cidadão de pernas incrivelmente tortas quando ele entrou em campo em General Severiano. Mas essas foram as mesmas pessoas que, na primeira jogada que Garrincha realizou, tiveram que zombar da própria "Enciclopédia", que tomou uma caneta ridícula do jovem jogador. Nilton Santos, mesmo chateado com o feito do moleque — *quanta ousadia*, ele deve ter pensado, jogar *uma bola entre as pernas do capitão da equipe e dentro de sua casa* — resolveu adotá-lo. Queria ter a seu lado aquele craque abusado, porque seria muito pior se ele fosse para o Vasco ou para o Flamengo, caso em que teria que passar tal vexame não apenas para meia dúzia de pessoas se divertirem, mas frente a um Maracanã lotado.

A partir daquele histórico momento, Garrincha começou a escrever — pela ponta-direita, usando a camisa 7 — uma das mais bonitas e geniais obras de arte que o futebol brasileiro foi capaz de produzir. Ganhou vários títulos estaduais e brasileiros pelo Botafogo, chegou à Seleção, disputou três Copas do Mundo e venceu duas, sendo que uma delas, a de 1962, quase sozinho — como Romário em 1994 —, ao chamar para si a responsabilidade de decidir as partidas após a contusão de Pelé.

Fora das quatro linhas, teve uma tumultuada relação com as mulheres e com a bebida. Nunca foi fácil para gênio algum lidar com a fama, ainda mais para aqueles que não tiveram acesso à cultura para melhor compreender quão fúteis são os amores e os amigos que a glória joga em seus colos.

Casado e cheio de filhos em Pau Grande, Garrincha envolveu-se numa conturbada relação com a cantora Elza Soares. Passou a viver com ela; e adotou o álcool como companheiro de fuga, sedativo para suas seguidas contusões — em cada estaleiro onde permanecia, após ser caçado por todo o campo — e duas cirurgias realizadas no joelho direito. Era, enfim, o nosso Maradona, dono de um futebol que encantava e que preocupava uma nação que passou a acompanhar, como numa triste novela, seu progressivo desaparecimento. Primeiro em campo, trocando seguidamente as equipes famosas por outras sem expressão, e mais tarde, na vida.

Era um atleta que fazia as nossas tarde de domingo tão felizes e hilárias que dava vontade aos botafoguenses, e também aos próprios torcedores adversários, de permanecerem sentados nas arquibancadas do Maracanã horas após cada exibição sua. Se fossem para casa, pensavam, poderia parecer que tinha sido um sonho o que cada um iria narrar para sua mulher e filhos.

Tinham absoluta razão. Hoje, saímos mais cedo dos estádios, não só para fugir da violência e do arrastão, mas também para esquecer a falta de talentos dentro de campo, talentos que se foram e se perderam com os gênios que nos deixaram precocemente, como Mané Garrincha, o anjo de pernas tortas.

A propósito, aí vai mais uma historinha sobre o genial Mané. Após a gloriosa conquista da Copa em 1958, na Suécia, os jogadores ganharam um dia de folga em Estocolmo para fazer compras. Garrincha e Manga, o goleiro, companheiros de quarto, se aventuraram pelas ruas para adquirir umas lembrancinhas. Cada um comprou um rádio, que era o *must* da comunicação na época. À noite, Garrincha já havia se desfeito do seu, vendido para o roupeiro pela metade do preço. Manga perguntou por que havia vendido um aparelho de som tão bonito, e ele respondeu: "Ainda bem que eu testei no quarto e me livrei dele a tempo. Ele só falava estrangeiro. Não ia servir para nada no Brasil."

A Mais Longa Viagem de um Milk-shake

Como o Bob's, que é de 1952 e só há pouco abriu suas portas por aqui, completei 59 anos em 2011, mais precisamente no dia 12 de junho. Como os 15 anos, e às vezes os 18, os quase 60 anos de vida são motivo para se comemorar, embora saibamos que, com exceção da data em si, das lembranças, e da torta de morango da tia Anastácia, nada muda de verdade na vida da gente após cada aniversário. Ela, a nossa vida, continua tão imprevisível quanto no dia anterior, ainda mais enigmática que o dia seguinte que pouquíssima novidade nos reservou.

As datas consideradas históricas servem, então, apenas para olharmos pelo retrovisor, fazermos uma retrospectiva sobre o que realizamos, um balanço dos nossos acertos e erros. Entre eles, no momento em que nos decidíamos a seguir por ali, se postava o destino, que nos conduziu a caminhos que, caso fossem alterados, nos levariam a celebrar nossos aniversários em lugares completamente diferentes, não sei se para melhor ou para pior.

Enquanto algumas decisões se perderam, esquecidas, por não terem tanta importância, outras me inquietam e me incomodam até hoje, como a que tomei aos 25 anos, em 1977. Eu era, naquela ocasião, jogador de futebol profissional, ponta-esquerda do CR Flamengo, um clube ao qual tantos lutam para pertencer e que eu, após cumprir um ano dos dois que tinha de contrato — com dez de profissão e me recuperando de uma grave fratura no pé direito —, resolvi deixar para aceitar a proposta financeiramente irrecusável feita por um usineiro de Recife, então presidente do Santa Cruz FC.

Eu iria jogar com uma equipe fantástica, treinada pelo técnico Jouber Meira, bicampeã pernambucana — em 1977 e 1978 — e quarta colocada no Brasileiro de 1979, já dirigida por Evaristo Macedo. Dela faziam parte Joel Mendes, Carlos Alberto Barbosa, Lula Pereira, Levir Culpi e Pedrinho, Givanildo, Wilson Carrasco, Betinho e Zé Roberto, Nunes e Fumanchu — uma equipe tão competente quanto a do Flamengo de Zico, Leandro e Junior. Quase deu para esquecer, junto à maior torcida do nordeste, os encantos da cidade do Rio de Janeiro. Em Recife, havia praias e pessoas muito bonitas, mas em 1977 a capital pernambucana não tinha uma só loja do Bob's.

Eu e meu irmão Flávio, o Brasa, que se mudou para lá após defender o São Cristóvão FC, éramos viciados no Ovomaltine crocante de 500ml. Após cada treino, físico ou técnico, era com ele que repúnhamos nossas energias; e era ele que nos obrigava a 200 abdominais e 150 flexões extras para ter direito, sem culpa, a mais um duplo na noite seguinte.

Mesmo nas belas noites de lua na praia de Boa Viagem, e com tudo o que o nordeste nos oferecia, como jangadas, redes, sucos naturais de cajá e graviola e forró ao vivo todas as quintas na feirinha de Olinda, chegávamos a delirar de desejo por um Ovomaltine duplo crocante do Bob's. Até que surgiu em Recife o nosso amigo Coelhão.

Coelhão era o apelido de nosso companheiro trirriense Paulo da Silva Peralta Filho, que dividia com a gente o apartamento em Copacabana e havia ficado no Rio. Seis meses após nossa chegada a Recife, mandamos pra ele uma passagem de presente: paguei a ida e Flávio a volta.

Entre outras lembranças, como cartas da família, bilhetes das namoradas e saudades dos amigos, Coelhão trouxe na bagagem a maior das preciosidades: dois Ovomaltines duplos. Antes de seguir para o Galeão, passou na Garcia D'Ávila, em Ipanema, e mandou embrulhá-los para viagem, uma viagem que, por sua vez, teve parada em Salvador e baldeação em Maceió e Aracajú, com 6 horas de duração.

A cena que se seguiu ao desembarque foi pro resto da vida. Eu e meu irmão, ansiosos, na beira do muro no Aeroporto de Guararapes, e Coelhão carregando pela pista, entre os dedos já oleosos e crocantes, amparado por uma aeromoça conduzindo toalhas, o que restava de dois cobiçados *milk-shakes* — os pobres não tinham resistido à pressurização, aos copos de papelão e a ter exposto o seu sabor. Azedaram.

Naquela noite de sexta-feira, sem ter saciado o nosso desejo, o hospedamos no Edifício Transatlântico, onde morávamos, com duas certezas definitivas: a primeira, que aquilo sim é que era amigo, todo melado e quase preso pela Suipa por tráfico de bens perecíveis; e, segundo, que fora do Rio de Janeiro, em certas ocasiões e defendendo equipes especiais, é até possível substituir o sagrado manto rubro-negro.

Só o que não se consegue mesmo é substituir o sabor e o fascínio de um Ovomaltine duplo e crocante do Bob's.

DE DORES E DOPS

Há um ano mais ou menos eu acabava de chegar de um novo *check-up* com meu ortopedista, Dr. Bruno Araujo Silva, que detectara um novo e preocupante quadro clínico: pós-artroses em meu tornozelo direito. No ano anterior eu tinha começado a tratar da escoliose, o que veio se somar ao eterno tratamento do meu joelho esquerdo, operado há três anos pela quarta vez, a primeira em Recife, em 1980.

Em 1998, depois de um raio-X motivado por uma gripe reincidente, descobri que meu trunfo maior, o pulmão, que eu julgava incólume como um troféu, por eu não ser fumante e ter no fôlego minha maior qualidade profissional, estava baqueado também. Além disso, meu estômago não anda muito bem, pois desde os 16 anos andou recebendo, de cada departamento médico dos sete clubes que defendi, durante 17 anos de profissão, doses semanais de Tandrilax e Voltaren a cada pancada recebida, e mais todo tipo de novidade que aparecia no campo da preparação física.

Completei, em 12 de junho, 59 anos, mas a cada avaliação interna — por fora o estrago é visível, inerente a todo ex-atleta que se expôs ao sol sem ter tido o privilégio de conhecer o filtro solar —, cada novo receituário indica que meus ossos, articulações e músculos estão uma década mais velhos do que eu. Ando, não corro. Tudo o que faço é nadar, caminhar e escrever, logo, existo. Mas como tem sido dura e dolorida a vida de um ex-atleta, que viveu sua formação junto aos filhotes de Kenneth Cooper!

Até o Brasil perder a Copa da Alemanha, em 1974, o condicionamento físico era moderado; havia mais ênfase na parte técnica e o que se ministrava nos clubes era uma ordem única que vinha dos quartéis. No rastro da ditadura, que se refletia no futebol, foi formada uma nova turma na Escola de Educação Física do Exército, na Urca, Rio de Janeiro. Seus integrantes, privilegiados no quesito censura e fincados na Confederação Brasileira de Desportos (CBD), tinham sido convencida pelos livros dos discípulos de Hitler, aos quais só eles tinham acesso — como o Dr. Cooper, por exemplo —, que a parte física fora a principal responsável pelo triunfo alemão, e não a classe de Overath, Breitner e Beckenbauer.

A partir daí, os competentes e estudiosos Carlos Alberto Parreira, Raul Carlesso, Cel. Calomino, Ismael Kurtz, Admildo Chirol e Claudio Coutinho, entre outros professores — que não podem jamais ser considerados culpados, pois era a cartilha da época a ser seguida no mundo inteiro —, saíram pregando os novos e revolucionários métodos de treinamento; e, como em toda Seleção Brasileira, o modelo foi logo sendo copiado país adentro.

Máquinas Apolo e Gladiador foram espalhadas e academias foram inauguradas, mas os fisiatras e fisiologistas, figuras até então inexistentes, não davam suporte aos novos e assustados fisioterapeutas. Era tão recente o assédio sobre o frágil corpo de atletas, desamparados ainda por cima pela ausência de nutricionistas nos clubes, que não havia profissionais nem o que ser lecionado em universidades. Paineiras e Vista Chinesa, estradas turísticas no Rio de Janeiro, deixaram de sê-lo para se tornarem pistas de treinamento e programa obrigatório de qualquer preparador físico. A cada reapresentação do elenco tínhamos que subir e descer os 5 km sem os tênis apropriados, que com vários tipos de amortecedores só estariam à disposição dos atletas décadas mais tarde. Com os joelhos rompidos, os meniscos esfacelados e os ligamentos descruzados, fomos vítimas de diversas cirurgias, Reinaldo e Zico sendo seus maiores garotos-propaganda; e o artroscópio, aparelho para atenuá-las, só surgiria na década de 1980.

Sou um legítimo representante e sobrevivente do tempo em que o jogador de futebol foi promovido a atleta; e uma privilegiada vítima. Jogava no CR Flamengo, em 1976, quando o prof. José Roberto Francalacci inaugurou a primeira máquina Apolo em um clube de futebol, num cantinho da Gávea, junto à piscina. Um ano antes, Carlos Alberto Parreira, no Fluminense, nos levaria à praia pela manhã, antes do treinamento técnico da tarde, para inaugurar no país o regime *full-time*.

Queria muito poder assistir às imagens de arquivo de Copacabana, no começo da década de 1970, para provar aos meus filhos que o que conto é verdade: contávamos nos dedos quem corria naquele calçadão. Eu e meu irmão Flávio, então jogador do São Cristovão, estávamos entre os pioneiros, e encontrávamos um ou outro corredor quando alcançávamos a Figueiredo Magalhães. Mais adiante, havia um outro a nos esperar, já na altura do Leme, para bater um pega e comparar desempenhos.

Da Alemanha não vieram só os livros e métodos, mas surgiram também as poderosas marcas Adidas e Puma. E ninguém segurou mais a indústria esportiva em todo o mundo. A pergunta agora é: quem vai pagar a conta dos danos que nossos corpos sofreram por servirem de cobaias para tantas experiências? Há remédios de graça à nossa disposição nas Farmácias do Povo? Fomos beneficiados por aposentadorias com fator redutor e ressarcimento financeiro, como as oferecidas aos exilados e torturados políticos? A diferença entre eles e nós é que ninguém via os presos políticos no pau de arara ou levando choques, enquanto nós apanhávamos na frente do público e nos laboratórios — onde levantávamos pesos, pulávamos barreiras, corríamos com coletes acolchoados de areia e nos desviávamos de cones e estacas. Com o que nos restava de pernas, tentávamos jogar futebol. Os presos políticos foram encaminhados para os porões do Dops, e nós, jogadores, para os túneis dos novos estádios construídos na esteira do autoritarismo, excursionando e apanhando nordeste afora. Sim, tínhamos liberdade para abandonar tudo isso, mas aquele era o nosso ofício.

Tais memórias, despertadas após o meu último e preocupante raio-X, foram intensificadas quando as notícias sobre contusões dominaram o noticiário esportivo. Segundo Marcelo Adnet, na sua coluna em *O Globo*, tratava-se do maior número de atletas contundidos na história dos campeonatos brasileiros: Deco, Fred, Diguinho, Emerson, Carlos Alberto, Felipe, Fernando Henrique, Maicosuel, Juan e Renato Abreu estavam ao mesmo tempo nas mãos dos concorridos departamentos médicos.

Como jornalista, troco as chuteiras pelo teclado e passo a defender uma nova avaliação sobre a preparação física atualmente instaurada em nossos clubes de futebol. Trocam-se os técnicos a cada rodada, mas quem projetou a planilha física no começo da temporada? Foi mantida e seguida por seus comandantes físicos? E, afinal, quem são esses desconhecidos e desvalorizados preparadores físicos que deveriam ser igualmente disputados, analisados e, principalmente, cobrados? Por que o Fred apareceu certa vez batendo boca com seu médico, e nós assistimos ao vivo? Não teria quem cuida da forma física do jogador que dar explicações igualmente?

A alta conta que nós, ex-atletas, estamos pagando, e a longo prazo, pode estar sendo liquidada à vista pela nova geração, com a desculpa esfarrapada de um calendário desumano que envolve Estaduais, Libertadores, Sul-americanos e Brasileiros, mas todos sabem antecipadamente da existência de todos esses campeonatos. Com a palavra, então, o responsável pela preparação física da equipe líder em contusão e ex-líder da competição, o Fluminense FC.

Responda rápido: é o famoso quem?

.

A Partida Perfeita

O Estádio Rei Pelé, em Maceió, é um das daqueles templos sagrados do futebol brasileiro que foram construídos durante o milagre econômico, na década de 1970. Quando você está lá dentro, jogando, a laje fecha sobre você e te engole, como no Mineirão, canalizando o eco da torcida para perto de onde você vai bater o corner, como no Serra Dourada, no Olímpico e no Maracanã.

De lá, bem longe, entre Bahia e Pernambuco, numa quarta-feira à noite, durante o campeonato brasileiro de 1978, numa partida entre o meu Santa Cruz FC e o CRB, guardo uma das mais gratas lembranças e lições de toda a minha vida como atleta profissional. Em 17 anos de carreira, foi ali que exibi talvez a única atuação perfeita com a bola nos pés.

Qual desportista, ator, médico ou engenheiro não se lembra do dia em que acertou tudo durante a prática de seu ofício? Naquela noite iluminada, em que Júpiter deve ter se entendido com Netuno, o biorritmo, badalado na ocasião, estava favorável e as cartas e os búzios conspiravam a meu favor, devo ter errado apenas dois dos 70 passes que realizava, em média, durante as partidas. Jogadas de linha de fundo? Em quatro das cinco tentativas deixei o lateral para trás, e ao tentar os cruzamentos sobre a grande área inimiga acabei acertando quatro passes, dois na cabeça de Nunes, um para o voleio certeiro de Betinho e o último para um peixinho de Luís Fumanchu, decretando a nossa vitória por 4 x 1.

Durante essa abençoada partida, eu não corria, voava. Roubava as bolas no meio campo do CRB como quem tirava pirulito de bebê, e iniciava os contra-ataques com uma rapidez e eficiência impressionantes. E, enquanto eu jogava, pensava: *mas por que justo aqui, longe da grande mídia, apenas diante da Rádio Clube de Pernambuco e da Gazeta de Alagoas, que transmitiam a partida, e sem qualquer canal de televisão, tem que ser o local do meu melhor momento? Por que não joguei tudo isso no Maracanã, dois anos antes, quando defendia o CR Flamengo e disputei a concorrida final da Taça Guanabara contra o Vasco frente a 174 mil pessoas, o quarto maior público da história do Maracanã? Por que tal inspiração não ocorreu há três anos, quando disputei as semifinais do campeonato brasileiro pelo Fluminense, contra o Internacional, no mesmo Maracanã, incapaz de impedir que Falcão, Caçapava, Paulo Cesar Carpeggiani e Lula nos eliminassem da competição?*

Se tivesse tido essa competência naquelas ocasiões, jogando na Cidade Maravilhosa e defendendo camisas mais poderosas, certamente teria sido convocado para a Seleção Brasileira, mas aprendi a não discutir com o destino. É ele que nos conduz, e se ele quis que fosse ali o meu dia de Rivelino... *então que tal um chute de fora da área?* Confiante, quando clareou na intermediária não virei o jogo para as laterais como sempre fazia; resolvi arriscar, e juro que ela passou raspando a trave.

Dribles, então, que eu pouco tentava, por jogar à base de dois toques — até aquela partida era a minha especialidade, para errar poucos passes e ser o ponto de equilíbrio do time de forma a manter sentado no banco um craque que deveria estar no meu lugar —, acabei dando uns quatro, de tão solto e abusado que estava.

É impressionante o que pode fazer a mente, eu jogava e pensava, *uma vez desobstruída das limitações cotidianas que me condicionavam a executar um bom, eficiente e previsível futebol.* Terminado o jogo, parti para o vestiário como Cesar Cielo se dirigiu ao pódio olímpico na China: nas nuvens, realizado. Afinal, eu era um dedicado atleta profissional; treinava mais do que todos os meus companheiros, lutava pela vitória com a minha limitação e merecia, nem que fosse por uma noite, num palco pouco iluminado ou reconhecido, jogar como sempre sonhei, exibir o futebol que sempre busquei.

Passei pelo treinador, Evaristo Macedo, que disse o de sempre após nossas vitórias: "Valeu, garoto!" Mas como, "valeu", se eu nunca havia jogado assim antes, com nenhum dos 16 treinadores anteriores? E fui encontrando pelo caminho repórter alagoano, narrador baiano, torcedor-invasor local protestando; fui passando por adversários e ninguém deu a mínima para o que eu havia realizado.

Será que eles pensavam que eu jogava sempre assim? E se assim fosse, o que eu estaria fazendo ali, no Santa Cruz, em Recife? Turismo em Boa Viagem? Pagando promessa? Ou visitando a feirinha de Olinda? Quando alcancei o vestiário, já era 50% alegria e 50% frustração. Eu havia treinado tanto, evitado noitadas, cigarros e bebidas alcoólicas para, um dia, atingir a perfeição, e quando a atingi, ninguém foi capaz de reconhecer. Não houve medalha, muito menos um Motorádio ou um abraço mais apertado.

Já nos vestiários, de banho tomado, notei meus companheiros felizes com a vitória, que nos faria avançar na classificação do brasileiro, e pela goleada conseguida fora de casa. Nenhum deles reconheceu minha iluminada atuação. Decepcionado, e já sentindo despontar a conhecida vontade, perante simples adversidades, de chutar o balde e não mais as bolas, me dirigi à balança na qual Amauri, um simpático funcionário do Clube Coral, nos pesava antes e depois das partidas, uma prática que só conheci no nordeste. Quando subi e conferi o que tinha perdido, "seu" Amauri confidenciou baixinho: "Que atuação, hein, Zé Roberto? Parabéns, você foi brilhante esta noite!"

Que alívio senti naquele instante! Nem fiquei prosa, nem mascarado, apenas feliz. Afinal, de que valeria uma busca pela perfeição, em qualquer profissão, se quando a alcançamos, nem que seja por apenas 90 minutos — o tempo dos holofotes na minha carreira —, ninguém for capaz de reconhecer, no mínimo, o seu esforço, a sua obstinação?

De lá para cá, até 1985, quando encerrei minha carreira jogando no Bonsucesso FC, não me recordo de nenhuma atuação parecida, de desequilibrar uma partida, embora continuasse treinando passes, aperfeiçoando chutes, cabeçadas e domínio de bola. Continuei a ser o Zé Roberto de sempre, mas nunca mais um Zico, um Rivelino um Gérson como naquela noite inesquecível.

E foi com "seu" Amauri que aprendi a maior lição de todo aquele episódio: sempre que assisto de perto, seja como treinador ou mesmo como torcedor, uma atuação acima da média, em qualquer modalidade esportiva, faço questão de esperar o final da partida e dar força e incentivo ao autor da proeza. Se for de longe, pela TV, procuro mandar um e-mail.

Só eu sei o que foi preciso para conseguir um dia ser perfeito no que fazia, e jamais me esqueci como a diferença e o descaso são capazes de nos afetar o espírito minutos depois de uma conquista.

Divorciados da Nação

Se, por um lado, ficou clara a limitação técnica do atual futebol europeu, no qual a Holanda cumpriu sua sina de futebol-arte amarelão-disfarçado-de-laranja, por outro, certamente, a Eurocopa valeu pela emocionante conquista da Espanha em 2008.

Junto à sua enlouquecida torcida, os espanhóis fizeram uma festa que deu saudades da nossa em 1958, das comemorações que ganharam as avenidas e ruas do país. O *Globo* anunciava, em sua edição 50 anos antes: "Após vencer a Suécia, começou então o delírio em todo o território nacional."

Trata-se de um momento único e emocionante assistir a uma seleção de futebol sintonizada com sua nação, "todos juntos na mesma emoção". Será que as novas gerações de torcedores, nela incluídos nossos filhos e netos, terão o prazer de vivenciar algo parecido? A julgar pelo que estamos jogando, só mesmo através das retrospectivas de Copas anteriores, vividas pelas ruas de Copacabana e na Avenida Paulista, incessantemente reprisadas pelas emissoras de televisão, talvez apenas nas lembranças daqueles heróis de cabelos brancos que contam jogadas e conquistas do tempo em que o Brasil jogava o melhor futebol do mundo. A "Fúria" venceu a Eurocopa e a torcida espanhola cobriu seus campeões com sua bandeira. Eles a levaram, orgulhosos e com lágrimas nos olhos, para o pódio onde dançaram e pularam; deram peixinho no gramado, num frenesi que, por aqui, só nos é concedido pelas equipes do Bernardinho.

Para sonharmos outra vez com tal momento de total interação da Seleção com seu país, será preciso que nossos craques voltem a viver sob o mesmo teto que seus torcedores, enfrentar os mesmos problemas sociais e soluções econômicas, compartilhar conquistas e engarrafamentos, vivenciar os padrões técnicos, físicos e táticos desenvolvidos em nossos gramados, e não aquele jogado por seus adversários.

Ruindade pega. E chutão para frente em vez de tabela, também, perguntem ao laterais Maicon e Dani Alves. Morando na Itália, jogando na Espanha, casando-se não mais na Candelária, mas em castelos medievais na França, realizando sua preparação na Suíça em vez de na Granja Comary, ficará impossível reviver, por exemplo, a química entre Diego e Robinho junto à massa de seus torcedores. O mesmo acontece com os argentinos, que igualmente têm seu time titular jogando na Europa; pelos seus jogadores estarem afastados do seu padrão de jogo, ganharam do Chile mas perderam para a Venezuela nas eliminatórias da Copa.

Na bela odisseia das copas de 1958, 1968 e 1970, nossas principais equipes serviam de base para a Seleção Brasileira, e os campeões nacionais, como Santos e Botafogo, cediam, com orgulho e certos de sua valorização, cada atleta convocado. Hoje, Milan e Barcelona não liberam seus brasileiros nem para as Olimpíadas.

Alguns de nossos craques andam estranhando a altitude até em partidas no estádio do Morumbi; já falam com sotaque a nossa língua, esqueceram o futebol-arte e adoram passar férias esquiando nos Alpes Suíços. Para piorar, com medo da violência, e de seus filhos interromperem seus cursos de inglês, espanhol e italiano, suas mulheres nem querem ouvir falar em voltar a viver por aqui.

Na história das nossas maiores conquistas, sempre há relatos de um "Basta!" dentro da caminhada da Seleção, como na reunião de Didi e Nilton Santos com o técnico Feola, quando foi "sugerida" a escalação de Pelé e Garrincha às vésperas de Brasil x Russia; ou o de João Saldanha para o presidente Médici, que queria Dadá Maravilha no comando do ataque, em 1970: "Cuide do seu ministério, presidente, que da escalação da Seleção cuido eu". Houve ainda o "basta" da nação e da mídia ao Parreira, que teimava em não convocar Romário e foi convencido do contrário, ainda bem, no último jogo das eliminatórias da Copa de 2003, contra o Uruguai.

O "basta" que não houve foi para a escolha de Dunga como técnico da Seleção, sendo que ele jamais dirigira clube algum. Já tivéramos uma experiência anterior com o Falcão, que jogava o dobro do que Dunga jogava, e mesmo assim não deu certo: jogar é diferente de ensinar. Wanderley Luxemburgo começou dirigindo os juniores do Fluminense, ralou pelo Bragantino e só teve sua chance na Seleção depois de vencer campeonatos nacionais. Zico começou como técnico no Japão, mas por lá seria desperdício ensinar as divisões de base; seguiu aprendendo no futebol turco, e tornou-se mais do que credenciado.

Ter sido líder em uma era contestada não autorizava Dunga a comandar seleções, fossem elas amadoras ou profissionais. Espelhando-se no exemplo de jogador aplicado que ele foi, deveria ter se apresentado nas equipes de base do Internacional para, ali sim, iniciar sua carreira sem queimar etapas, sem privilégios ou apadrinhamentos, dando exemplo de postura e cultivando com humildade o aprendizado de uma nova profissão. Mas acabou sendo preterido até mesmo por seu time de estreia, onde era recentemente o candidato favorito.

E agora, com a Copa de 2014 no Brasil, qual será o "basta" da vez?

Solitária Injustiça

Terminando de ler a entrevista do presidente do Botafogo Maurício Assumpção, em *O Globo*, após a conquista do Campeonato Carioca, foi-se com ela a minha derradeira esperança de ver um ato de justiça, talvez uma simples citação, de poucas linhas, um breve reconhecimento. Mas passou outra vez em branco. Tal gratidão, na pior das hipóteses, poderia ter partido de um atleta, de um membro da comissão técnica, treinador, enfim; ninguém que viva ou opine no mundo esportivo foi capaz de reconhecer os méritos do técnico Estevam Soares no título conquistado pelo clube alvinegro. E se ninguém do clube se lembrou de agradecer a ele, devem ter esquecido também de lhe mandar uma faixa de campeão.

Como ex-jogador, treinador de futebol e estudioso desse fantástico mundo — descrito por um cursor esférico que já foi de couro e chegava a pesar, em dias de chuva, 100 kg, e hoje é leve, macio e impermeável, embora continue traiçoeiro —, aprendi que o verdadeiro construtor de uma equipe de futebol é aquele que participa da pré-temporada, que no caso do Botafogo foi em Saquarema, onde os testes foram realizados, a parte física aprimorada, o planejamento definido e a equipe montada.

Como um carro de Fórmula 1 — que passa pelo túnel de vento e faz testes em Jerez, na Espanha, e no início da temporada mostra de cara se vai disputar o título ou ser mero coadjuvante —, Estevam Soares construiu o atual time do Botafogo; indicou Herrera, aprovou a vinda de Loco Abreu e passou noites sem dormir quando venderam sua zaga titular e os potentes chutes do Juninho, que deram muitas vitórias ao time.

Caio, o talismã, que veio do Volta Redonda, foi aprovado pelo técnico. Somália e Renato Cajá foram indicados por ele. Mas logo na terceira rodada do Estadual, após duas vitórias, o Fórmula 1 de General Severiano quebrou. Chegou na 26ª colocação; haveria posição no *grid* capaz de denegrir tanto, máquinas e pilotos, quanto levar um placar de 6 x 0 em casa?

Naquela noite infernal de Dodô, no Engenhão, faltando inspiração em todo o time e com a situação complicada pela expulsão infantil, ainda aos 8 minutos de jogo, do lateral Gabriel, tiraram de Soares o comando do bólido. Mais: tiraram-lhe a possibilidade de mexer num aerofólio ou diminuir as asas para corrigir o rumo de um veículo que, mais tarde, se mostrou competitivo, já que seu substituto não mexeu em uma só peça da equipe já montada — as contratações que indicou, Sandro Silva e Danny Morais, nada acrescentaram. Joel Santana teve, é claro, o mérito de potencializá-las, mas eram, rigorosamente, as mesmas engrenagens montadas durante a pré-temporada.

Para mim, soa como se, ao renderem homenagens a Brasília, Lúcio Costa tivesse sido esquecido e seu cinquentenário comemorado sem render justas homenagens àquele que traçou o Planalto Central. Mas o futebol tem disso: regido pela emoção, embora eleja um herói após cada título, é capaz de jogar no ostracismo os principais e verdadeiros responsáveis por cada conquista.

O Desrespeito Continua

Em 1984, então defendendo o Americano FC de Campos, ao abrir os jornais de segunda-feira após uma histórica vitória sobre o Botafogo FR no Estádio Godofredo Cruz, e conferir a análise sobre minha atuação, li, constrangido: "Zé Roberto – Apesar da idade, o ex-jogador do Fla e do Flu teve uma destacada atuação." Imediatamente mandei meu protesto ao jornal, que foi publicado na íntegra na coluna de Sérgio Cabral, denominada "Papo de Bola". Diante da repercussão, tomei gosto e escrevi meu primeiro livro, *Futebol: A Dor de Uma Paixão*.

Em outra ocasião, li em *O Globo*, na coluna do jornalista rubro-negro Renato Maurício Prado, a seguinte nota, uma nova versão do desrespeito com que ainda somos tratados: "O Rio viveu uma noite de Miami: tinha um estádio lotado, uma piscina no meio e um roliço cetáceo preto e branco divertindo o povão..." Era Ronaldo, um fenômeno comparável ao Lula e a Chico Xavier, só fica faltando o filme. Sua história de luta e superação, do subúrbio de Bento Ribeiro aos belos jardins paulistas, é igualmente bonita.

Poucos participaram como ele de quatro Copas do Mundo, e ninguém ainda o superou em número de gols marcados.

Ronaldo Fenômeno só não fez mais porque seu corpo, principal instrumento de trabalho, não resistiu a tantos jogos e condicionamentos. Hábil e inteligente, pouca pancada levou; seu tempo de bola potencializado o fazia chegar sempre antes dos adversários. Apesar disso, passou a ficar mais tempo no departamento médico do que em campo, pior, na sala de musculação, coordenada por alguns trogloditas travestidos de professores de educação física, os mesmos que incutiram 20 kg a mais em Robinho e em Ronaldinho Gaúcho, tirando deles a leveza e a desenvoltura com que desfilavam sua arte em campo.

Neymar é o Robinho de ontem, e está voando. Agora imaginem o Paul Tergar, tetracampeão da São Silvestre, voltando a São Paulo com 20 kg a mais nas costas? Se encostaria na ponta-esquerda daquele túnel e ficaria fazendo cruzamentos na Consolação com Brigadeiro Luis Antonio durante a prova.

Ronaldo ganhou mais músculos do que gordura, porém, visto assim de cima, digo, em cima da balança, o constrangimento acabou sendo o mesmo, tirando muito de sua mobilidade. Das redações e das cabines de narração, infelizmente, só saiu desrespeito. Ainda muito novo, para o esporte e para qualquer profissão, tentou continuar a sua luta fazendo o que mais sabia fazer, que era jogar futebol; mas acabou se aposentando no Corinthians, onde até hoje permanece como ídolo, mesmo fora de campo.

Com as obras de arte que praticou desde os tempos em que vestia a camisa do São Cristóvão, e seu fantástico dom, Ronaldo deu dignidade e inclusão social a toda a sua família, como fazem 99% dos craques brasileiros desse fantástico esporte, que é o maior redistribuidor de rendas do país — mais até do que o Bolsa Família.

Pelé, Zico, Romário, Ademir da Guia, Gérson e Rivelino pararam de jogar, deixando-nos órfãos diante de estádios e televisões. E para nós, amantes do futebol-arte, fica cada vez mais rara a oportunidade de curtir grandes craques com a bola nos pés, independente dos times e do resultado de cada partida.

Inveja ou Preconceito?

O elevador descia lotado em um prédio no centro da cidade de Juiz de Fora naquela quinta-feira às 10h30 da manhã, parando nos andares abaixo e recebendo comentários rápidos dos que iam entrando. Um desses, feito por um senhor de terno para outro que trajava camisa social e gravata, tirou-me a alegria e o prazer que todo ser humano deveria ostentar quando acorda, toma seu café e se dirige ao trabalho para melhorar sua situação financeira e profissional e, por consequência, contribuir para o desenvolvimento de seu país. Sem o menor constrangimento ou cerimônia, o tal empresário ou advogado — pela pasta podia também ser um corretor — disse que o melhor de todo o governo Lula acontecera em 2006, na recepção da Rainha Elizabeth ao nosso presidente, durante o cortejo, quando ele puxou direitinho a carruagem real. Um riso quase unânime tomou conta daquele pobre cubículo sem refrigeração. Nem o literalmente pobre ascensorista deixou de sorrir.

Talvez maiores do que preconceito contra os jogadores negros que atuam no futebol espanhol, algo semelhante ao ato da publicitária carioca que chamou de "negrinha" uma funcionária de um shopping que "não sabia com quem estava falando", sejam as manifestações preconceituosas que vêm se alastrando por todo o mundo reservadas ao nosso ex-presidente da república. Aliás, nem sei se é preconceito — uma opinião formulada antecipadamente, sem qualquer análise de seu governo — ou inveja, puramente um desejo frustrado de alcançar o cargo que Lula ocupou, mas confesso que não digeri a piada.

Enquanto milhares de cidadãos pelo mundo teriam orgulho de ter no comando de sua nação um operário, oriundo dos galpões da metalurgia e nascido numa das regiões mais pobres do país, tendo conquistado o poder através de uma verdadeira odisseia que chegou às telas de cinema, eternizada para ser aplaudida por nossos netos, o Brasil ridiculariza um cidadão pelo qual só deveria ter respeito. Não deveríamos esperar que ele virasse minissérie, como JK, para prestar-lhe um mínimo de reconhecimento ainda em vida.

Dizer que nosso maior mandatário não sabe falar ou escrever é aceitar nossa condição de seres colonizados, que baixaram a cabeça durante mais de 500 anos ao incorporar idiomas estrangeiros — pela ordem: português, espanhol, holandês, francês e inglês —, para, inclusive, nos comunicarmos com imperadores e chefes da república que não falam a nossa língua.

FHC foi o último representante dessa falta de interação entre o poder exercido e o sofrido. Culto e socializado, estaria até hoje pagando ao FMI os juros oriundos do suor do nosso trabalho, pouco se importando com os avanços do Bolsa Família e dos assentamentos e muito menos preocupado em discutir a redistribuição das águas do rio São Francisco para dar um fim da ciclo da indústria da seca. Nosso presidente fala (um pouco) errado porque representa uma maioria que jamais teve acesso decente à educação. Às vezes, peca pela concordância, talvez de propósito, por ser ele o principal porta-voz da discordância contra tudo o que já nos foi legado. Eu não queria muito, não, apenas pedir respeito ao cidadão que chegou ao mais alto posto da república rigorosamente dentro da lei e da Constituição, que ajudou a fundar um partido político, filiou-se a ele, concorreu às eleições e colocou seu nome à disposição dos eleitores com a maior lisura. Não é justo empanarem com gracinhas uma conquista tão límpida.

Invejar um cidadão que percorreu os caminhos mais éticos e tortuosos para se eleger presidente, adquirir o direito de morar num Palácio, ter avião particular e viajar pela Europa — tudo isso sem ter sido arrancado da cama por um punhado de conspiradores civis e militares (como em 15 de novembro de 1889 o Marechal Deodoro da Fonseca) nem ser empossado como líder de um movimento militar que derrubou o governo democrático de João Goulart (Humberto de Alencar Castelo Branco, em 9 de abril de 1964) — é negar que tal ascensão, ao nº 30 na galeria dos nossos presidentes, é um exemplo de esperança e liberdade que o mundo sempre desejou para biografia de seus líderes.

O Monstro Mesmo Foi o Edinho

Sou torcedor, e jogador, de um tempo em que "monstro" tricolor jogava do meio-campo para frente e reinava absoluto em campo, com uma camisa do número 7 para cima — como Flávio, o "Minuano", Samarone, Lula, Gil, Ézio, Assis, Doval e Rivelino, que nos davam alegria porque marcavam gols e levavam o Fluminense às vitórias e aos títulos que nos tornaram os maiores vencedores de campeonatos estaduais.

O gol é a razão maior do futebol, e os nossos maiores ídolos, desde Vavá até Romário, sempre exibiam uma deliciosa cumplicidade com as redes. De repente, no futebol carioca e, especialmente, no Fluminense, a crise chega ao ataque, grave a ponto de tamanha falta de ídolos e goleadores estar levando alguns empresários interessados, e alguns jornalistas esportivos precipitados, a rotular como "monstro" um novo zagueiro — pois se não há mais quem nos dê alegrias, melhor exaltar aqueles que vão impedir nossas tristezas.

Coisas do futebol europeu, que sem ter os nossos Zicos, Carecas, Maradonas e Ronaldos, tratou de exaltar, ao longo de sua história, seus ídolos zagueiros — como Beckenbauer, Bobby Moore e alguns ganhadores do troféu "Bola de Ouro" —, que se notabilizaram por impedir um desastre maior para suas limitadas seleções. *Se não temos os melhores*, provavelmente pensam, *melhor evitar o pior.*

A verdade é que não está dando mais para engolir essa história de exaltar um ótimo jogador, como era Thiago Silva no Fluminense, como sendo o "monstro" do nosso futebol. Tratava-se de um craque promissor, de um profissional correto, aplicado, mas a história que poderia levá-lo ao Castelo de Grayskull enquanto fazia vítimas com atuações assustadoras passaria ainda por uma longa estrada, recheada de vitórias e títulos que ele ainda não tinha conquistado.

Para nós, tricolores, "monstros" zagueiros foram Galhardo, Assis, Altair, Pinheiro, Ricardo Gomes e Edinho — estes quatro últimos, líderes e capitães de seleções brasileiras, sendo que Thiago Silva lutou para conquistar uma vaga na equipe titular. Portanto, senhores empresários do jogador, vamos devagar.

Colocar uma faixa no campo exaltando sua mercadoria, tudo bem. Até eu, que fui um bom jogador, ídolo apenas lá de casa, já tive uma dessas afixada no anel superior do Maracanã — que dizia: "A Young Flu ama Zé Roberto" — percebida por mim (que pena!) no meu último jogo oficial pelo Fluminense, em 1975, quando perdemos para o Internacional e fomos eliminados nas semifinais do Campeonato Brasileiro. Verdade!

O Fluminense já teve time disputando as semifinais do brasileirão, e não apenas tentando se livrar do rebaixamento. Mas daí a vender camisas especiais e comemorativas, como personagem do filme que andou sendo exibido pelas telas do Rio... não passa de uma perigosa jogada de marketing, que pode até "queimar" qualquer promessa.

Fico imaginado o que aconteceria se tais empresários tivessem o passe (e a posse) do zagueiro Edinho, quando ele surgiu em 1975, revelado pelas mãos do técnico Pinheiro. Enquanto os titulares Silveira, Assis e todo o elenco treinavam duas horas de ordem unida, Edinho chegava às 7h00 nas Laranjeiras de raquete em punho para jogar tênis com os associados. Após o treino, no qual era o mais aplicado na parte física, ia para Copacabana jogar futivôlei (ele foi, ao lado de Júnior e Magal, um dos precursores desse esporte).

Em certa tarde de domingo, durante um Fluminense x Vasco, o quarto zagueiro Assis, uma das principais peças da máquina tricolor, não pôde jogar, e Edinho o substituiu. Muitos temeram quando, aos 19 anos, o jogador estreou como profissional, mas a história do futebol passava a registrar a evolução de um novo e moderno zagueiro de futebol, que atacava e defendia com a mesma classe e vigor até então desconhecidos por aqui. A partir daquela partida, Assis nunca mais voltou a vestir a camisa 5; logo foi emprestado para o Sport, enquanto Edinho seguiu, absoluto, rumo aos títulos e à Seleção Brasileira pela qual jogou duas Copas do Mundo, com direito a gol de placa e tudo.

Isso, sim, parece-me ser a verdadeira gestação de um "monstro" tricolor, sem direito a filme nem a camisas comemorativas, porque naquela época jogava-se por amor à arte e ao clube. Agora, os jogadores não passam de peças de marketing, que amam seus bolsos e adoram seus empresários — revelados em Xerém para serem servidos, como uma pizza, aos torcedores italianos, quando deveriam pagar, no Maracanã, todo o investimento de um clube maravilhoso, imortal, orgulho do nosso país e vencedor da Taça Olímpica de 1949.

.

CRISE DE FRATERNIDADE

Não sei como era exatamente quando foi estabelecida esta sociedade no mundo. Nos livros de história temos apenas alguns registros dos homens das cavernas que foram se domesticando, deixando de ser bestas para virarem gente. Neste longo processo de aprimoramento social, a humanidade superou conflitos, passou por guerras e ditaduras e enfrentou a segregação racial, até chegar ao ponto em que nasci e comecei a escrever minha própria história, por volta dos anos 1950, mais precisamente, em 1952.

Durante a minha infância, principalmente, as famílias conviviam na mesma casa, discutiam seus problemas, viajavam juntos para Araruama e interagiam 24 horas por dia. Na mesa do almoço na casa do meu avô João Pereira Lopes, na rua Presidente Vargas, onde é hoje o Supermercado Bramil, três gerações de Lopes, Padilhas, Cerqueiras, Righis e até Lacerdas firmavam rituais de hierarquia, respeito e troca de informações, preservando castas e linhagens ano após ano. Os aniversários eram concorridos; os casamentos, então, eram festas inesquecíveis. Mas era na dor de uma perda quando havia afago e consolo, ou na mais breve das viagens que provocavam enorme saudade, que saltava aos olhos a grandeza desta sagrada instituição chamada família. Creio que convivi com essa grandeza em seu auge, no limite de sua cumplicidade e fraternidade; e ela ficou marcada dentro mim em toda a sua magnitude. Depois, já adolescente, vi surgir o BNH, e passamos a viver apertados, apartados uns dos outros em guetos, hoje mais conhecidos como edifícios de apartamentos. As casas foram transformadas em clínicas para cuidar das várias doenças provocadas por esse distanciamento.

Já adulto, constato que caminhamos rapidamente em sentido oposto; o ser humano quer voltar a viver isolado, como no tempo das cavernas. Tal reflexão me ocorreu após uma recente cirurgia de joelho, uma artroscopia à qual fui submetido no Hospital de Clinicas N. Sra. Da Conceição.

Apesar de ser comum na vida de um (ex-)desportista — era a quarta intervenção no meu joelho esquerdo —, o procedimento envolvia riscos próprios de qualquer cirurgia, como anestesia, possibilidade de infecção e dores, os soros e os incômodos pontos. Tivesse sido realizado nos anos 1950, certamente haveria fila para se obter um crachá de visitante. Nos meados dos anos 1970, pelo menos um jornalista esportivo estaria cobrindo o evento, mas nas 24 horas em que estive internado no quarto 306, recebi apenas duas visitas e três telefonemas.

Pelo silêncio no corredor do terceiro andar, também permaneciam isolados o paciente do quarto 305 e a senhora que operou o fêmur no 307; e sem consolo algum os gemidos intermitentes ecoados, me parece, do 304. Para cada pessoa que lá se interna, seja para qual procedimento for, são poucos os membros da família ou do círculo de amizades que encontrarão espaço em suas concorridas agendas (algumas devem incluir até reuniões com Barack Obama na Casa Branca) para dar um apoio nessa hora em que mais precisamos dele — a não ser, como sugeriu a enfermeira de plantão, que seja oferecido um coquetel ou um churrasco com música ao vivo.

Se você acha que exagero, por conta do joelho e dos sentimentos ainda inchados, procure lembrar a última vez em que frequentou um clube social, do ano em que voltou a Cabo Frio com toda a sua família, do dia das mães em que todos os seus irmãos se sentaram à mesa para reverenciá-la. Parecem detalhes, mas estes se agigantam quando você sente que a dormência da anestesia passou e a realidade dos seus sentidos volta a bater sofrida à sua porta, isto é, quando alguém se lembra de remover a cortina que oculta, desde os nossos primórdios, nossas dores e compaixões. E ela normalmente não está pendurada num bar, numa boate ou num parque de diversões.

A crise que o mundo atravessa, e que este imagina que aflige apenas sua economia, já corroeu pilares mais importantes; o risco crescente do capitalismo pode ser comparado ao alto grau de indiferença, e a cotação em queda das bolsas ao descaso com que passamos a tratar nossos semelhantes.

Televisiva Infidelidade

A cada vez que leio um encarte do Ponto Frio ou das Casas Bahia, lá está ela, *slim* e reluzente, com uma finura de detalhes de se admirar, quase uma tela de Picasso em movimento: são as novas e irresistíveis TVs de plasma, de 32, 37 ou 42 polegadas, desfilando diante de ambiciosos olhares consumistas como o novo objeto de desejo que inflama ainda mais nossos aflorados impulsos.

Como ficar imune a essa beleza, se chegamos às nossas casas e nos deparamos com sua similar mais bojuda, que necessitaria, no mínimo, de uma lipo ou cirurgia de redução do estômago para fazer frente à linha e ao belo perfil dessa nova estrela emergente do lar?

Minha televisão titular, uma Sony de 29 polegadas, acaba de completar 11 anos de programas de esportes, notícias, filmes e novelas corretamente exibidos, porém, coitada, anda custando alguns segundos para ligar — e olha que ainda tem a idade de uma colegial. Se jogasse vôlei, estaria treinando na equipe mirim. E se congelasse ou batesse, ou ainda se lavasse a roupa, não estaria sendo incômoda, já

que os demais eletrodomésticos da casa não sofreram con-
corrência tão acirrada por conta de radicais mudanças vi-
suais e tecnológicas.

Mesmo assim, tenho procurado resistir, por puro
sentimentalismo, aos novos encantos, um sentimento que
pode ser explicado pela data de sua aquisição: 11 de novembro de 1998, após o meu jogo de despedida do futebol
— jogo onde nós, ex-atletas, convocamos os amigos locais
para jogar contra os craques das equipes que defendemos
e que há muito não víamos, para matar as saudades da bo-
linha e captar uma bilheteria que irá contribuir para uma
aposentadoria insuficiente para o consumo.

Eu queria no meu um duelo entre Roberto Rivelino e
Zico, dois gênios dos clubes que defendi; e passei o ano de
1997 inteirinho negociando suas agendas para, finalmente,
vê-los desembarcar em Três Rios para um histórico Fla x
Flu no Estádio Odair Gama. Eu e minha esposa Rossana
organizamos a festa e esperávamos a lotação máxima do estádio, em torno de 6 mil pessoas; mas nem São Pedro abriu
mão de conferir de perto tal eféméride e despejou tantos
milhares de gotas quantos foram necessários para que metade dos torcedores permanecessem acuados dentro de
suas casas.

Os 3 mil ingressos vendidos antecipadamente foram
a conta para pagar o transporte, a alimentação, as passa-
gens aéreas do Rivelino e o polpudo cachê do master do
Flamengo. Mas na hora do acerto, Zico, sempre gentil, entrou na sala de reuniões do clube para receber por todos,
abrindo mão da quantia combinada e alegando ter pedido
o dobro da cota no jogo anterior para que ficasse registrado,
a cada despedida, o respeito e o carinho que eles tinham
por um companheiro de profissão — ex-companheiro, que,

normalmente, costuma estar passando por dificuldades financeiras, considerando-se a pouca estabilidade de nossa carreira.

De tão felizes e agradecidos, fomos buscar, logo no dia seguinte, nosso sonho de consumo, aquela Sony 29 que ando tentando rebaixar de divisão, digo, de cômodo — primeiro para o quarto, depois para a cozinha e então para a Eletrovídeo a fim de encontrar uma peça que não será mais fabricada, até que, finalmente, ganhe uma estante cujo dono seja menos exigente quanto ao tamanho, visual e peso, fatores que determinam sua aposentadoria. Assim como eu, caminha trôpega e esquecida por uma insensível humanidade que deixa para trás as conquistas compartilhadas e cada história em que fomos talismã quando se depara com o novo – e olhe que estou falando de um eletrodoméstico, mas é comum descartarmos pela estrada afora, sem sabermos sequer se serão reciclados, celulares que se cansaram de dar boas notícias, carros que nos levaram em segurança a diversos destinos, e, por que não, companheiras que buscamos perfumadas no altar e que hoje em dia, sem ajuda na cozinha, andam sem tempo de substituir a fragrância do alho pela de jasmim.

No entanto, como já mencionei, ainda não fechei o negócio nem mandei embrulhar a "magrinha" para viagem. Apenas observo as promoções que passam tentadoras diante dos meus olhos; e como ela brilha? Como é fina, bonita, tem conversor integrado e...

Por Que Torci Contra o Boavista Naquele Domingo

Nada contra a excelente campanha do time dirigido por Alfredo Sampaio, mas tenho sérias restrições ao Projeto Boavista, finalista da Taça Guanabara, que procura seu espaço no futebol renegando valores sagrados para o esporte. O Boavista (Big Ball) é uma empresa de futebol, que tem como único e absoluto objetivo vender jogadores. Não pode, e nem deve, ser confundido com um clube de futebol.

Trata-se de um time, mas não tem sede nem torcedores, não possui sócios como os clubes tradicionais da capital e do interior e nem representa uma cidade — como é a nova e salutar tendência a fortalecer o nome do município, com a união dos clubes locais amparada pelo poder público, como no caso do Volta Redonda, do Nova Iguaçu, do Friburguense, do Murici e do Cabofriense.

Em entrevista ao jornal *O Globo* antes do jogo um de seus quatro investidores declarou que o único objetivo do time "era fazer um bom campeonato para vender jogadores", e que a meta "era ter lucro, ou o menor prejuízo possível". O representante de Saquarema na FERJ era na verdade o Barreira FC, que com as dificuldades naturais dos clubes do interior simbolizava a região e possuía até uma pequena e apaixonada torcida. Os treinos eram realizados na Região dos Lagos, e os jogadores e a comissão técnica moravam na aprazível cidade fluminense, mas o Boavista comprou o Barreira em 2004 e Saquarema se tornou apenas a sede dos jogos do time "em casa".

Os treinos são realizados em Xerém, os atletas moram no Rio e no segundo semestre trocam de camisa e vão defender o Caxias na série C do Brasileirão. Onde estavam concentrados para a grande decisão? Num hotel na Zona Sul do Rio de Janeiro. Se o Boavista tivesse vencido o Flamengo naquele domingo, não teriam sido exibidas as lindas imagens da festa do campeão na sua cidade de origem. Praças e avenidas não seriam ocupadas, fontes luminosas não seriam invadidas por torcedores exaltados e muito menos os aeroportos e rodoviárias teriam recebido seus heróis com festas e carreatas. A Taça Guanabara não iria para a sede do time (por favor, não chamem o Boavista de clube), apenas ficaria ornamentando o frio e abastado escritório da Big Ball, na Barra da Tijuca. O máximo que ouviríamos seria um "buzinaço" promovido por aqueles que não tiveram a emoção de, um dia, torcer por um clube que representa uma nação.

Pobre do legado dos desportistas, símbolos de seus clubes, como Roberto Alvarenga, do Fluminense, e George Helal, do Flamengo, e outros tantos abnegados que amam o futebol e fizeram de suas vidas uma irrefutável prova de paixão por seus clubes — uma paixão sagrada, com escudo, divisões de base e hinos, cultuada nas arquibancadas, no trabalho e nos botequins, propagada por várias gerações e que hoje em dia corre risco de extinção.

O escudo que o Boavista ostenta na camisa tem uma árvore que não possui raízes e cujos frutos não são vendidos por feirantes, mas por empresários. Não seria justo, portanto, que os deuses do futebol abençoassem um projeto tão frio, jogando por terra berço e tradição, na hora de se definir um campeão. Ainda mais da Taça Guanabara, na cidade do Rio de Janeiro, em um país que venera o futebol como o Brasil. Se essa onda pega, em breve os jogos serão acompanhados na Bovespa, disputados pela Internet e em estádios vazios, tudo isso contra o fortalecimento das nossas agremiações esportivas. Se é apenas para vender atletas, fica até mais rápido e objetivo.

Desculpem-me os valorosos atletas e a comissão técnica do Boavista, profissionais competentes e que alcançaram sua classificação derrotando o atual campeão brasileiro, mas sua vitória, para mim, teria significado renegar sagrados valores que aprendi a cultuar nos sete clubes que defendi, durante 17 anos, atuando como atleta profissional.

Mesmo sendo tricolor, torci naquele domingo para o clube derrotar o time, para o Flamengo ser consagrado campeão e prorrogar um pouco mais esta era em que quem dá as cartas no futebol é a "caixinha de surpresas", e não aquele que se apoderou da chave do cofre.

CARTA SAUDOSA A TELÊ SANTANA

Como vai, Mestre? Nós, seus ex-jogadores, e o mundo do futebol, andamos sentindo muito a tua falta, especialmente em episódios como aquela partida entre duas de suas maiores paixões: o Fluminense FC, clube que te revelou e conduziu à Seleção Brasileira como jogador, e o São Paulo FC, que te consagrou como treinador e te levou a dirigir nossa Seleção.

Depois que você partiu, muita coisa mudou, e para pior: os empresários tomaram posse dos clubes, que eram dirigidos pelo amor de seus beneméritos e abnegados; e os jogadores — que permaneciam décadas defendendo sua agremiação, como Raí, Silas e Muller — são trocados a cada temporada e, hoje, beijam a fria logomarca do patrocinador em lugar do escudo sagrado que deveriam aprender a cultuar.

Atletas enraizados em seus clubes, como Rogério Ceni, que deveriam ser regra, são uma honrosa exceção. Na política, deixaram de eleger representantes sérios e dignos, como Mário Covas, Leonel Brizola e Franco Montoro, para brincar com o voto e mandar para Brasília — para discutir questões fundamentais como as reformas políticas e da previdência — cidadãos despreparados como Tiririca, um grande comediante que deveria continuar exercendo seu papel num palco ou picadeiro, jamais no Congresso Nacional.

Mas o pior mesmo aconteceu nas arquibancadas, onde surgiu um sentimento nojento, antiético, que denigre e joga por terra todos os valores com que lutaste em vida, dentro e fora de campo: a triste opção pela entrega de um resultado.

Aquela faixa erguida pela torcida do São Paulo (ENTREGA) foi o maior ataque sofrido pelo nosso esporte nos últimos anos, maior do que o *doping* do Jobson, que pode ser curado através de tratamento e medicação, e muito pior do que os votos negociados pelos delegados da Fifa, que foram afastados e punidos. O sentimento de corrupção, de negociar objetivos até então sagrados, como a busca por vitórias nas competições, se impregnado no esporte, enraizado no país pela formação das divisões de base de milhares de atletas, que assistiram à subida impune daquela faixa, pode jogar por terra toda a paixão e fascínio provocados pelo futebol no país que mais o cultua e reverencia.

Foste tu, Mestre, dirigindo o time do São Paulo, que naquele domingo decidia não o título para o clube, mas a permanência ou não da honra e da ética como valores sagrados do esporte, duvido que deixasses teu principal zagueiro sair de cena por uma simples pancada na coxa. Teria que sair, sim, mas gritando na maca. Contigo na boca do túnel, nenhum atleta deixaria seu time com nove em campo por chilique, precipitação ou irresponsabilidade.

Alguém já disse um dia que podemos perder tudo na vida, menos nossa capacidade de indignação perante as injustiças; mas ninguém na transmissão daquela partida, das cabines ou vestiários, dentro mesmo do campo, foi capaz de se revoltar perante tal acinte — nem que fosse para respeitar tua memória, ainda viva naqueles tons tricolores, para fazer valer tua história, que ali deixou sua marca, como homem e treinador que jamais compactuou com a desonra.

Ninguém se indignou com a saída de uma peça fundamental da defesa, que até poderia tomar os gols do Conca e do Fred, mas jamais sendo passivo ou permissivo. Contigo entre nós, Mestre, não estaríamos perdendo tempo discutindo o regulamento por pontos corridos, mas sim os valores culturais de uma nação que, na busca emergente do capital e do progresso, está permitindo que escorram pelo ralo sentimentos e princípios que a tornaram referência: a correção, a índole, a alegria da diversidade, que naturalmente irradiavam e distribuíam felicidade como sua marca registrada.

O futebol, nós sabemos, afinal, fomos treinados por ti, é apenas um espelho da sociedade. E é doloroso saber que as pequenas concessões, aquelas que estão impregnadas das maiores corrupções, começam a deixar o cotidiano do Congresso Nacional, do Senado e das escusas salas do Banco Panamericano, para alcançar os últimos degraus das nossas arquibancadas. Em teu nome e em tua memória, permita-nos, como discípulos, a duas rodadas do fim do Campeonato Brasileiro, suplicar a teus descendentes, especialmente Luis Felipe Scolari, e seus soldados da luta e da vez: não deixem que se manche ainda mais a imagem do futebol, sua grandeza conquistada por tantos, com tanta luta.

Deixem que o imponderável e a fórmula da "caixinha de surpresas", e não a imoralidade, continuem a decidir as partidas. Afinal, o que valerá, para nós, tricolores cariocas, um título manchado pela desonra e incentivado por aqueles que, mesmo sabendo que estão envenenando a sociedade, se prestam a abrir suas faixas, e o gás de sua cozinha, para nocautear um simples vizinho torcedor do time adversário e revelar o quanto ainda nos portamos de forma pequena e mesquinha diante das pequenas adversidades.

TICO XAVIER

Obrigado, Rossana e Zé Roberto! Engraçado, é a primeira vez que lhes dirijo a palavra, mas dentre os sentidos que aos felinos foram negados, para compensar sua agilidade, textura e faro (pois aí seria covardia com os outros animais), estão o sorriso e a voz, não a gratidão. Acabo de chegar ao céu e encontrei a Bê, minha antecessora, também vítima de atropelamento, que lhes mandou lembranças.

Estou bem, tenho uma ótima visão de tudo e posso lhes assegurar que a nossa casa é ainda mais bonita vista aqui do alto. Psicografo-lhes (pois, ao contrário do que dizem, não tenho sete vidas, os gatinhos espíritas como eu voltam sete vezes à mesma família. Eu sou apenas o de número 2) para lhes agradecer os maravilhosos nove meses que passei ao lado de vocês. Nós, gatos, não tivemos uma boa campanha de marketing quando a TV foi implantada no país.

Os americanos, nossos colonizadores midiáticos (especialmente o pessoal da RCA Victor, que introduziu a nova tecnologia no país nos anos 1950), colocaram no ar seriados que tinham cães e cadelas como heróis, como Lessie e Rin-tin-tin, e logo os brasileiros adotaram nossos irmãos como "os melhores amigos do homem". Para se ter uma ideia do tamanho de tal convencimento, o primeiro seriado nacional, o "Patrulha Rodoviária", já trazia um cão pastor no papel principal. Para nós, sobrou como símbolo o Tom, que perseguia o Jerry, um rato que era por um cão da raça Boxer, então meu inimigo. E se éramos inimigos do amigo do homem, logo nos tornamos seus inimigos também. Garfield, um personagem mais simpático, só veio nos representar mais tarde, e os filmes de Hitchcock, de mistério e ficção, reforçaram nossa injusta fama de traiçoeiros e azarões.

Os brasileiros cresceram achando que damos azar, que os gatos, especialmente os pretos como eu, tinham tudo a ver com a sexta-feira 13, com o mês de agosto e com as mulas sem cabeça. Mas vocês sabem que não tem nada a haver, muito pelo contrário: quando cheguei, em maio de 2010, vocês só tinham o sonho da casa própria. Três meses depois, conseguiram adquiri-la pela Caixa. Durante minha breve estadia, aconteceram graduações na casa, retomadas de namoro e novas paixões dos filhos, fora o caso da Vera Lúcia, da irmã e da cunhada, que trocaram sua casa em Teresópolis por um apartamento em Juiz de Fora dois meses antes daquela tragédia. E ninguém adoeceu, nem uma gripe vocês pegaram, além de o Bloco da Barão ter feito seu melhor desfile dos últimos anos!

Tudo isso que falam de nós não passa de lenda, e tenho certeza de que elas atrapalharam a vida de vocês: alguns amigos, parentes e agregados deixaram de frequentar nossa casa diante da minha presença, nem escondiam seu pavor e ojeriza, com exceção das contas e dos cobradores, que continuavam a aparecer. Isso, sem pegarem qualquer infecção, como deveria acontecer. Engraçado: quando uma pessoa é bela, a chamamos de "gata" ou "gato", mas quando o assunto é nos adotar, nos tratam com ressalvas e precauções. Bem, não importa: vocês dois foram especiais. Me deram banho todos os sábados com sabonete líquido Proderm, contrariando o conceito de que não gostamos de tomá-los. De tão feliz com aqueles banhos, eu me rolava na grama e na terra após cada refrescada, e tomava uma bronca daquelas, muito justa, aliás. Me deixaram frequentar todos os cômodos da casa — ao contrário do meu amigo e vizinho Abel, que não podia passar do jardim e jamais conheceu a cozinha de sua casa —, compartilhar da maciez do sofá e tirar alguns cochilos na cama, sem o menor preconceito. Recebi todas as vacinas, suprimentos alimentares, as cirurgias para sossegar o facho, isso, sem falar nos impecáveis cardápios colocados à minha disposição, que tinha o melhor da Purina, até a novidade de salmão da Whiskas andei saboreando.

Todos os gatos do mundo mereciam conhecer vocês dois, para recuperar o respeito e a dignidade que todas as espécies colocadas no mundo pelo criador, sem exceção, deveriam receber igualmente. Em breve estarei voltando em terceira edição, e devo retornar com a cútis mais clara e olhos azuis, para disfarçar.

Guardem o meu lugar na sala e no coração de vocês. E perdoem aqueles senhores que se aproximaram de vocês quando fui atingido e iniciei minha subida, dizendo que era para pegarem um saco e me jogar no Rio Paraíba do Sul. Ou os outros que disseram para não ligar, que era só trocar por um outro, como se eu fosse apenas um casaco manchado de sangue. Ásperos, insensíveis e sem tempo nem para amar a si e aos seus semelhantes, são pessoas que andam trocando suas casas cheias de amor por apartamentos, cubículos de insensibilidade e reclusão.

Os seres humanos estão abandonando suas origens e suas famílias, o que dirá espécies diferentes da sua? Ao nos receber com carinho, e se despedirem de nós com lágrimas e saudades, ao ornar nossa caixa-ataúde com flores, lembranças e brinquedos envoltos em toalhas finas, vocês deram um recado, um sinal de que ainda há esperanças de amor e convívio entre todos os seres vivos.

Obrigado e até breve!

Tico [1]

---

1 Nota do autor: Tico, nosso gato, foi atropelado domingo à noite, dia 6 de fevereiro, em frente à nossa casa, por um veículo dirigido em velocidade tão alta que não só não daria chances de defesa a gatos, cães e pássaros, como tampouco a outros seres frágeis, como crianças e idosos. Mas bem antes disso ele já havia sido atropelado pela indiferença com que sua raça, inexplicavelmente, tem sido tratada por nós, humanos.

Prêmio João Saldanha de Jornalismo Esportivo 2011: Foi Por um Dente!

É uma luta invisível esta que nós, ex-atletas, atores, músicos e cantores travamos em nosso interior para não sermos esquecidos quando as cortinas descem, em definitivo, em seguida aos nossos 15 minutos de fama. Lá dentro, mesmo que aparentemos discrição e conformismo, há um vulcão semiadormecido cravado em cada bairro ou município para o qual fomos devolvidos — que clama por uma erupção qualquer na mídia, nos museus, no quadro televisivo "Por onde anda você?" ou na lembrança isolada de algum torcedor de carteirinha. Algo que nos remeta, nem que seja por uma faísca do holofote, àqueles momentos mágicos que acreditamos ter vivido.

Talvez por essa razão eu participe de tantos concursos, envie dezenas de e-mails e cartas para as redações: para ter motivos de voltar sem remorsos ao Rio de Janeiro, tentar rever uma testemunha de arquibancada, um amigo de vestiário, uma lembrança qualquer de minha carreira no futebol. E ser finalista do Troféu João Saldanha de Jornalismo Esportivo 2011, organizado pela Associação dos Cronistas

Esportivos do Estado do Rio, com o apoio da ABI, foi uma nova injeção de ânimo. Voltei ao Rio em março de 2011 cheio de esperança e orgulho. A solenidade, realizada na sede histórica do Botafogo FC, pedia terno e, por um motivo qualquer, talvez o espaçamento das erupções sofridas, nunca adquiri um. Meu amigo Jorge Pinho, quase do meu tamanho, emprestou-me a calça, e seu sobrinho Eduardo, bem mais magro, o casaco risca de giz — naquela tarde, eles não combinavam de jeito nenhum: o casaco engolia e a calça espremia, e quando desci no estacionamento do Shopping Rio Sul, em frente ao local da festa, minha esposa sentenciou: "Tá estranho esse traje, vamos comprar um."

De fato, seria um desrespeito à memória de Heleno de Freitas, o mais elegante dos craques da história de General Severiano, andar pelo tapete vermelho, estendido para uma festa em um dos salões mais charmosos do Rio, vestido daquela forma. Felizmente, era época de liquidações e não foi difícil encontrar um terno decente e acessível. Já devidamente engravatado, barba feita, ralos cabelos aparados, nos preparávamos para atravessar o túnel que separa o Rio Sul da sede alvinegra quando resolvi abrir um Trident, e na segunda mascada algo se agarrou nele.

Para o meu desespero, um dente se desprendera, e o sorriso da vitória, seguido do discurso de agradecimento, exaustivamente ensaiado desde a divulgação dos finalistas, ficou deveras comprometido. Eu bem que esperava um contratempo, talvez do joelho esquerdo operado quatro vezes, dos tornozelos fraturados, da hérnia inguinal rompida, do perônio trincado em Marília, mas todos eles entenderam a importância de eu estar ali e se comportaram; um dos dois dentes quebrados numa cotovelada em Campos, no entanto, substituídos por reservas de porcelana que passaram a atuar e mastigar em minha boca na meia-direita, decidiu ser a exceção e tirar o ar da minha graça. Nem deu tempo de lamentar tanto azar. Faltavam poucos minutos para a premiação e escondi o dente — e o sorriso — da minha esposa, que já estava nervosa. Imagine se ela fica sabendo! Saí procurando um banheiro por aqueles confusos labirintos do Rio Sul, e quando consegui encontrar um, passei à quase impossível missão de tentar colocá-lo no lugar em um espelho coletivo de shopping — era um olho no fluxo de usuários e outro na peça, para encaixá-la e não deixá-la cair no ralo (detalhe: aquilo só havia acontecido uma vez em 27 anos, desde que eu o tinha implantado, e dentro de casa, perto do consultório dentário, sem maiores estresses).

E não me venham dizer que a imagem de um brasileiro desfalcado de qualquer de seus dentes, rotulados de subdesenvolvidos que somos, é de fácil digestão, ainda mais o cidadão se apresentando para uma plateia inteiramente formada por jornalistas: um deles não iria perder essa brecha oferecida pelo mais novo membro da tribo.

Se faltar qualquer tecla nos acordes bucais, num "showriso" desses de Nelson Sargento, vai embutido na tela um histórico de pobreza, de uma infância certamente difícil, símbolo de um país que só agora começa a erradicar a miséria e cuidar da sua saúde. Já numa apresentação de Sammy Davis Jr. ou de Nat King Cole, se faltar dente é por acidente de trabalho: deve ter caído de boca no piano durante o exaustivo ensaio.

O fato é que eu estava com uma baita vergonha de abrir a boca, e começava a entrar em pânico quando, ainda no banheiro, a peça subitamente se encaixou, não me perguntem como, mas não encontrei outra explicação a não ser... Deus! Saí do banheiro, encontrei a Rossana e não sorri mais por aquela noite, quando sentia um orgulho de escancarar os dentes.

E assim, suando dentro do meu novo terno, atravessamos a passarela que liga o shopping à sede do Botafogo e o tapete vermelho daquela noite inesquecível. Recepcionei meu filho Bruno e minha nora Anne com discrição, eles hão de me perdoar. Recusei todas as pastas e petiscos que nos eram servidos:

"Mas nem mesmo um camarão? Tem caviar, você não queria provar?", insistia minha esposa.

"Estou nervoso!", respondi.

A boca foi ficando seca e a garganta, já com síndrome de pânico, ameaçava fechar quando resolvi aceitar um refrigerante, bebendo-o com cuidado e fazendo-o descer pelo lado esquerdo. Como não conhecia ninguém daqueles novos colegas de profissão, fiquei sentado e quieto. Tratava-se, afinal, de um prêmio literário, e estávamos ali pelo que tínhamos escrito, mas daí a conseguir ir até o final, sem nem abrir totalmente a boca? E se eu fosse declarado vencedor? (Éramos três concorrendo em cada uma das seis categorias: interior, literatura, rádio, jornal impresso, *site* e TV) Como faria o discurso de agradecimento, correndo o risco de aquele dente desabar no palco, ou, pior, de engoli-lo ou ficar com ele entalado na garganta?

Impressionante, como só passa coisa ruim em nossas cabeças em momentos como esse. Felizmente, acreditem, fiquei em terceiro, e só o vencedor, de Campos, recebeu o microfone para o discurso. Os dentes dele estavam todos no lugar, como os de todo mundo por ali, inclusive eu... — pelo menos, era o que todos pensavam — se conseguisse "equilibrá-lo" até o final.

A festa acabou, mas a provação continuou: desabaram sobre nós salgadinhos quentes e recheados, de todas as formas, logo seguidos de preciosas tortas, e eu recusando, para desespero do meu estômago e curiosidade da minha família. "Ainda estou nervoso!", eu tentava explicar, mesmo com os refletores e *flashes* das câmeras já desligados.

Indo de volta para casa pela "intranquilidade" da Linha Vermelha após a meia-noite, comecei a recuperar o equilíbrio, até com certo orgulho por ter mantido aquele dente por 4 horas em seu devido lugar. No dia seguinte, fiz plantão na porta do consultório da minha dentista, a Janine, e quando ele foi finalmente fixado, saí exibindo pelas ruas da minha cidade um sorriso incontido, que poucos amigos entenderam: "Mas ele não perdeu o primeiro lugar? O "Vanguarda da Comunicação", da Rádio Três Rios, já noticiou que ele trouxe apenas a medalha de bronze do Rio!"

Certos dias são impossíveis de se explicar em nossa confusa, nada monótona e previsível existência, e por isso é melhor perder calado do que vencer sem poder sorrir. Que me perdoe meu cronista-símbolo João Saldanha, dono daquela bela festa, na qual vivi minha mais recente e, cá entre nós, imerecida agonia.

A Era do Degelo Social

Tudo parece desaguar sobre nossas cabeças durante a era do degelo social, que se descola a cada dia das encostas dos preconceitos acumulados pela humanidade. Antes de o primeiro bloco ruir, nossos avós nos ordenavam sair de casa, nossos pais a gentileza de deixá-la, a família se omitia a cada frente fria que surgia.

Quem era gay se escondia, e sofria em silêncio sua opção sexual. Quantos relacionamentos viveram na alcova, debaixo dos cobertores, sem ganhar a luz do dia, antes que o STJF referendasse a união afetiva entre pessoas do mesmo sexo?

O negro, que nem sonhava ter um dia cotas para deixar a escuridão, perambulava entre sua escola pública deficiente e seu trabalho semiescravo em extremada resignação. E ai daquele que empunhasse uma faixa em prol da descriminalização da maconha!

Eram épocas em que as mulheres não haviam alcançado a presidência da república, muito menos conheciam a Lei Maria da Penha; e apanhavam também em silêncio.

Períodos em que governantes erguiam avenidas, arquitetos e engenheiros projetavam e construíam prédios, sem estar nem aí para a acessibilidade de uma minoria. Se não havia direitos, quanto mais os estatutos que, hoje, protegem a vida dos idosos, das crianças e dos adolescentes e dos portadores de necessidades especiais. Tais inusos e maus costumes permaneceram imutáveis por gerações, cada mudança comportamental levando séculos para ser implantada, apesar de debatida em almoços dominicais onde toda a família opinava, isto é, os mais idosos impunham valores e os mais novos acatavam.

Quando temos que discutir com nossos filhos e os professores com seus alunos os novos direitos sociais que assolam as encostas e as praias deste secular comodismo, não encontramos referência, parâmetros ou jurisprudência, enquanto nossa experiência em debatê-los remontam às Marias-Fumaças que lentamente desembarcavam em cada estação de nossa formação. E eles surgem, cada vez mais, por todos os cantos da sociedade, ganhando destaque na mídia à velocidade de um trem-bala.

Outro dia, a tevê apresentou, em horário nobre, o primeiro beijo gay explícito da história da nossa televisão. Há alguns anos seria simples: nossos avós quebrariam a tevê, nossos pais trocariam de canal. Mas a geração do degelo social, inclusiva, testemunhal, mesmo carregando no DNA inevitáveis e generosas porções de homofobia, racismo e tantas outras mazelas impregnadas, precisa, e deve, se afastar do controle remoto e encarar as consequências daquele encontro salivar, discutir cada questão sem medo e sem opiniões preconcebidas.

Como tudo que é novo e vem fora da caixa, sem manual de instruções, os direitos descongelados das minorias devem ser motivos de orgulho, e não de inquietação, para todos nós que lutamos, e votamos, por uma sociedade mais justa e democrática. Afinal, lidar com inéditas experiências de liberdade é muito mais saudável do que apenas sonhar com elas: como escrever poemas e músicas ou idealizar um país soberano, feitos de gerações anteriores à nossa, no exílio ou nos sombrios porões da ditadura.

Os Próximos Cotistas

Eu já desconfiava, quando fui estudar jornalismo, que havia menos homens do que mulheres na faculdade. No começo era quase a mesma proporção, só que os homens andam desistindo com mais facilidade dos cursos, das qualificações, dos desafios. Não estão mais organizados, envolvidos e atentos. Qualquer jogo do Flamengo, mesmo na insossa Copa Sul-Americana, o churrasco da pelada da quarta ou o chope da sexta são capazes de lhes tirar o foco; e a presença em sala de aula.

Depois, tenho a experiência do Projeto Feliz Idade, que coordenamos na Prefeitura de Três Rios desde 2004: para cada 10 inscritos, 8 são mulheres. No baile da terceira idade, nos finais de semana, a porção mulher é gritante. Elas chegam maquiadas, felizes, bonitas e dispostas, mas precisam dançar uma com a outra: os raros homens que lá comparecem são disputados como Brad Pitt ou Antonio Banderas; os demais estão ficando pelas praças jogando buraco, facilitando a ida para o buraco enquanto praticam o sedentarismo e a obesidade; ou ainda contando nos bares e nas saunas historinhas de um secular domínio territorial que está lhes escorrendo pelas mãos, em vista dos estudos e da tecnologia da informação que passaram a ser rotina na vida das patroas.

Nós, homens, estamos morrendo mais cedo, entre outros comodismos, por adiar o exame de toque, por exemplo, que evitaria problemas com a próstata. Estamos entregando de bandeja o mundo arduamente conquistado por Alexandre, Julio César e Napoleão para as mulheres ocuparem. Tomarem conta.

Aí ocorreu a ascensão de Dilma Roussef, que tirou o Palloci para ter a Gleise Hoffman, sua própria "Dilma" (comparando com o cargo que a Presidente ocupava no Governo Lula). E veio a nomeação de Ideli Salvatti para as relações institucionais, completando o poderoso trio que reina soberano em Brasília.

Realmente as mulheres — que há pouco tempo estavam restritas ao forno e ao fogão, às limitações do lar, e sequer tinham direito a voz e voto — estão tomando, com inteira justiça, por merecimento, luta e perante a complacência dos machos, o mundo em suas mãos.

Quando fui fazer uma prova na Universidade Veiga de Almeida para gestão em jornalismo na EBC, veio a definitiva constatação: dos 600 inscritos para as 27 vagas existentes, nada menos do que 412 eram mulheres. Assustado, acuado, cheguei a percorrer cada sala de 30 alunos, e as relações anexadas em cada uma escancaravam a diferença. A sala mais equilibrada, a minha, era a da letra J dos Josés, que ainda não se entregaram às Joseanes e Janaínas já infiltradas.

Saí de lá convencido de que depois do negro e do deficiente, a próxima cota para ingresso na universidade e no mercado de trabalho será reservada ao homem. Ou tomamos vergonha na cara, ou nada mais nos restará a não ser entrar na fila do cinema para assistir o épico "O Planeta dos Macacos", belo espetáculo de ficção onde nossa espécie ruma à subserviência, à extinção.

Pelo menos sairemos consolados de que, na vida real, perderemos o comando para uma espécie muito mais bonita, cheirosa, competente e charmosa. E, acreditem, ainda vai ter homem acomodado que vai adorar levar chicotada.

O Efeito Sasha

Era uma vez uma Copa Brasil de Voleibol Feminino Sub-13, 17ª edição, organizada pela Federação de Voleibol do Estado do Rio de Janeiro, que nenhuma cidade fluminense queria sediar. Sem apelo na mídia, suas edições anteriores tinham levado para as arquibancadas apenas os pais e irmãos das jogadoras, e algumas babás compareciam aos jogos para engordar a torcida.

Depois de Volta Redonda recusar, Resende subestimar e Barra Mansa dizer não, Três Rios decidiu aceitá-la para tentar sacudir o voleibol feminino na cidade.

Dizem os professores dos clubes, colégios e escolinhas que nossas adolescentes, cada vez mais precoces, se recusavam a treinar para não suar e estragar o *blush*, a escova ou o rímel juvenil. Por falta de jogadoras, nem a tradicional Copa Rio Sul estávamos disputando mais, e no JEM (Jogos Estudantis Municipais) poucas eram as escolas com meninas dispostas a sacar e cortar, com medo de atrapalhar o visual.

Procuramos patrocinadores, e nada. Nosso treinador Adilson Jacob marcou um treino e apenas seis atletas compareceram — duas, dizem, de Levy Gasparian. Disseram, inclusive, na boca maldita, que nossos cargos estavam ameaçados diante do tal custo e pouco benefício.

Uma semana depois do nosso aceite, Sasha, a filha da Xuxa, levantadora do CR Flamengo, foi convocada para defender a Seleção Carioca. Da noite para o dia, inimagináveis *flashes* se voltaram para a nossa cidade. Saímos na revista *Caras*, no *Lance*, em *O Globo* e no *Jornal da Record*. Xuxa confirmou que viria a Três Rios ver a filha jogar e dezenas de *paparazzi* baixaram na cidade.

No treino seguinte, 18 meninas se apresentaram. Os jogos, que seriam no Sesc, em uma quadra bonita, porém modesta, foram transferidos para o Social Olímpico Ferroviário, no qual arquibancadas foram erguidas e para o qual ingressos limitados foram confeccionados na correria.

O Comandante do 16º batalhão da PM, amigo da chefia da guarda da rainha, nos puxou a orelha indagando pelo "nada consta" ainda não solicitado — quem iria imaginar, incomodar a polícia com pacatas babás e famílias se confraternizando nas arquibancadas! Patrocinadores desaparecidos saíram da toca em busca de cotas e o ginásio lotou todos os dias. A Copa Brasil se tornou o *must* das férias de julho em toda a região, e nossa cidade, chique, virou figurinha fácil na imprensa esportiva nacional.

Como secretário de esportes de um governo que não tem medo de desafios, cujo prefeito conseguiu trazer a maior fábrica da Nestlé partindo do desejo expresso da empresa de se instalar no país, publicado em um recorte no caderno de economia de *O Globo*, fiquei feliz por seguir essas lições de ousadia. E agradeço não só a ele, Vinícius

Farah; eu e minha equipe da SETURES somos gratos também a Sasha. Essa menina de 13 anos incompletos poderia ser uma Barbie. Poderia ser cantora, modelo ou viver enfiada na Disney. Mas quando ela resolve jogar vôlei, e muda com isso toda a história de uma competição, lota ginásios, abarrota hotéis e restaurantes e desperta em nossa juventude a paixão adormecida pelo esporte, só nos resta dizer: Obrigado! Valeu, Sasha!

A Princesinha dos Baixinhos salvou a nossa pele, e quem sabe o nosso cargo. E acima de tudo, a competição organizada por um antigo desportista baixinho: eu.

Esta obra foi composta em Minion 11/13,1.
Impressa com miolo em offset 750g e capa em cartão 250g,
por Createspace/ Amazon.

www.ingramcontent.com/pod-product-compliance
Lightning Source LLC
Chambersburg PA
CBHW071359170626
46811CB00003B/1185